作者简介

　　孙新波，管理学博士，教授、博士生导师。首届全国百篇优秀教学案例奖获得者，辽宁省优秀青年骨干教师，沈阳市"三育人"优秀个人，东北大学教学名师，宝钢集团有限公司优秀教师，辽宁省"百千万人才工程"千人层次，人力资源与社会保障部干部教育培训师资专家，辽宁省大学生创业就业大赛优秀指导教师，多次获得东北大学教学成果特等奖，多次荣获"东北大学研究生优秀指导教师"称号。

　　长期从事《管理学原理》、《管理哲学》、《管理哲学与领导力》、《易学与中国管理艺术》、《项目管理》等课程的教学研究工作，其中《易学与中国管理艺术》课程是辽宁省和国家级首批精品视频公开课，《管理哲学》课程是东北大学和辽宁省精品资源共享课，《项目管理》是辽宁省和国家级"十二五"规划教材。

　　主要研究领域为：一般管理、管理哲学、组织与战略管理、激励与领导力、创新及创业等。提出并构造了激励协同、人性素等概念。

　　迄今为止，指导各类硕/博研究生120多人，指导国家大学生创新/创业计划项目7项。目前发表论文70余篇，出版著作/教材9部。主持国家自然科学基金面上项目1项，参与国家自然科学基金、社会科学基金3项，主持省部级和企业级科研项目总计30余项。多次获得辽宁省自然科学学术成果奖。

2014年度辽宁省普通高等学校本科重点建设专业资助（辽教办发〔2014〕75号）

HONOR
RESPONSIBILITY
DREAM

Management Philosophy of Liaoning Branch of PICC

荣誉·责任·梦想

PICC辽宁省分公司管理哲学研究

孙新波 著

经济管理出版社

ECONOMY & MANAGEMENT PUBLISHING HOUSE

序言：人文辽宁，人保天下

——写在《荣誉·责任·梦想：PICC辽宁省分公司管理哲学研究》出版之际，兼记曲庆武的人文之道

准备了一年多的《荣誉·责任·梦想：PICC辽宁省分公司管理哲学研究》即将出版，在出版之际，仔细回首了与曲庆武总经理及PICC辽宁省分公司的交往历程，"人文辽宁、人保天下"不觉浮上心头，思绪万千，不吐不快，于是决定从读书、管理、领导、哲学等几个方面谈谈陋见。

交往：EMBA课堂上的"年轻老手"

初识曲庆武总经理是在我的首届EMBA班上，那是2009年年末的事情了，当时我们刚刚开始举办EMBA班，真是两眼一抹黑，没有经验、没有团队、没有模式……，几乎是在一无所有的情况下，开始了我后来称之为"七千万精神"的EMBA教育项目。作为PICC辽宁省分公司的党委书记兼总经理的曲庆武是首届EMBA班的学员，可能是相互不太熟悉或者是我与学员沟通不到位的缘故，在当时，我们在课下交流得并不多，即使后来我为这个班讲授《管理哲学》课程，我与曲总在课堂上讨论得也不多。就是在这么多的"不多"中，还是有两件事情给我留下了深刻的印象，一件事情是在处理一门"问题"课程时曲总所表现出的态度，另一件事情是曲总提交的《管理哲学》作业反映出的哲学素养和领导水平，这两件事情让我从曲总身上领悟到了什

么叫作"少即是多"，也让我看到了管理专家"抓主要矛盾和矛盾的主要方面"的领导水平。由此开始的这些年来的交往中，我一直坚称曲总为"年轻的老手"，我也一直很感激这位"年轻的老手"对我个人和EMBA 教育项目的鼎力扶持。之所以说"年轻"是因为他不忘初心，不忘学习之心，每遇挫折便有幸福之感，这也就是我要讲的这位"年轻的老手"的"哲学之心、牧人之道"。

交接：独立意志下的正向引领

万事开头难，EMBA 教育项目刚开始也是如此，即使项目团队再战战兢兢、如履薄冰，再审慎细致、精挑细选，在面对"人（此处指EMBA 学员）"这一最大的不确定时也难免会遇到"黑天鹅"。虽然我们精心选择和组建了 EMBA 师资团队，精心与 EMBA 师资沟通交流了课程内容，精心安排了课程助教以辅助提高授课质量，但是在首届EMBA 班上，还是出现了小小的不和谐，有一门课程因为种种原因被个别学员亮了"黄牌"。面对 EMBA 教育项目以学员为中心的类市场化的核心运作特点，学生作为教师的"客户"，学生作为教学的"中心"，其抱怨通常被理解为"机会"，从这个角度出发，学院组织召集该班的部分学员展开座谈以谋求解决问题之道。我清楚地记得，在那次咖啡馆里的座谈会上，我作为学院的代表与学员进行交流，我采取的策略是先倾听后行动，并做好了"最坏的打算"——有可能所有学员都要反水。正当"炮火"集中轰击之时，正当所有的声音非常一致地"指责"之时，曲总发表了截然相反的看法。他的发言从三个方面表达了自己的意见：第一，他认为课程内容并不像某些学员说的那么差，他建议同学们回头看自身的不足；第二，他指出老师已经非常认真地准备了课程，不像某些同学讲的对 EMBA 教学敷衍塞责、不负责任；第三，他直接指出某些学员对老师的不尊重，丢失了作为一名EMBA 学员应有的品质。好一个"三生万物"，概括性的三点扭转了整个座谈会的局面，接下来的谈话顺畅了许多，这以后我们很顺利地解决了这个问题。从曲庆武在这件事情上的态度可以发现他是一位独立意志极强的企业家，这件事情也让我领悟到在关键的时候说关键的话和做关键的事的那个人一定是关键之人，曲总就是这样一位关键人物。我以为要成为关键之人，需经历三重境界：常人、"笨"人和超人：常人取巧，奇技淫巧是其常态，这种范式不会长久，曲总非此等人物。"笨"人法事，就是说做人要敢于吃亏，做事要强调方法。一般人把条件看成是不变的因素，而优秀的人要将常人眼中不利的环境为自己所用，正是"有条件要上，没有条件创造条件也要上"，曲总诚如斯言，用其独立操守发表独立声音，以引领周围的正氛围。超人取拙，萧伯纳有这样一句话："所有的进步都来自于不理性的人，"取拙的超人，可以将不理性的人的不理性变成理性，进而变成进步，曲总更如斯言，他直言不讳地引导他的同学走向基于不理性的真正进步。

交友：在正义的制高点上追求哲学的光芒

《管理哲学》课程结束了，考试题目出得比较奇特，一共是三道题：第一题要求学员自己出三道题，第二题要求学员自己写出答案，第三题要求学员自己给出分数。这是我针对EMBA学员有意识设计的考题，显然是自我命题、自我作答、自我评分的自我管理的体现，尤其对于EMBA这样一批高级学员，他们已经或大或小、或多或少地从事过管理和领导工作，任何题目对于他们都过于具体，因此我想让他们自己找到自己的管理命门、自己制定下一步的工作设想，尤其是自己找到未来之路。我并没有全面调查EMBA学员拿到题目的感受，只是听说不少学员认为题目太难了，这恰恰从一个侧面说明自我管理的难度最大，也恰恰说明德鲁克先生晚年推崇的自我管理的重要性。曲庆武自拟的三道题是：一是试题与管理哲学；二是培根的《论青年与老年》对80后的启示；三是国王与哲学家。他的答案是：第一题是关于"试题与管理哲学"的题目，恰应孙老师这门课的考试方式那样，让学生自拟题目、自找答案、自己评分，这本身就是管理哲学的基本点，是哲学在管理中的经典应用，在 EMBA 课堂之外是无论如何也享用不到的，这就是东北大学 EMBA 区别于其他教学的最好诠释。第二题答案较长（略）。第三题答案是国王成了哲学家或哲学家成了国王，这个国家就会兴旺起来，企业也是如此。我自赋的分数是 B+，是 B 非 A，说明还有差距，多了一个 "+"，表明对未来充满信心，明天会更美好。我没有调查过曲总拿到题目后是怎么想的，但是他提交的答卷让我耳目一新，他用了柏拉图的哲学王的观点阐述了自己对于管理、领导和哲学以及人生的见解，这份试卷令我印象深刻，也让我产生了与其深度交流的想法，加之之前咖啡馆的解围之言，我越来越认为曲庆武值得深交。《论语·季氏》有云："益者三友：友直、友谅、友多闻，"曲庆武无疑是正直的，在他没有那种趋炎附会的心理；曲庆武无疑是宽恕的，否则怎么会有一心追求正义理想的哲学王思想；曲庆武无疑也是博学多闻的，我断定他是人保领域的学问家，后来我才得知他是教师出身，原来如此。PICC 辽宁省分公司能有这样的行家作为领路人，当是 PICC 之幸。霍金斯在《管理哲学》一书中有言："倘若哲学家不会成为管理者，那么管理者必须是哲学家，"曲庆武就是这样的管理者和领导者。实际上我一直在思考，为什么曲庆武用柏拉图的哲学王思想回答问题？他是怎么想到的？他为什么会选择这个议题？我们都知道柏拉图设计的《理想国》中哲学王虽然是最大的特色，但仅仅是一种理想，因为哲学家统治极其困难，首先哲学家难以产生，其次哲学家难以成为统治者，因此所谓的哲学家的正义往往陷于理想中。经过长期的交往，我才发现，曲总一直带着未受污染的双眼在打量这个世界，这就是他心中的那座正义之山，即使再难，也要勇往正义之巅，这就是他选择用柏拉图回答问题的缘由啊！

交心：牧人之道，得民须得心

前述是我从 EMBA 读书和学习角度对曲总个人的认识，后来有机缘到 PICC 辽宁省分公司深入调研，有机缘参与 PICC 辽宁省分公司管理哲学的整合与梳理，又得以深入了解曲庆武本人，印象最深刻的是他的牧人范式。得民心者斯得民，得民者斯得天下，得民心必有得民心之人，PICC辽宁省分公司党委书记、总经理曲庆武就是得民心之人，得民心就是曲庆武的牧人之道。本书中很多地方都会谈到他牧人之道的具体做法，在此，我仅将曲氏牧人法归纳为三大法宝。第一宝是"荣誉、责任、梦想"，这六个字铸就了PICC辽宁省分公司的人文之魂，"观乎人文，以化成天下"，人文的作用在于先化后成。曲总用"荣誉、责任、梦想"的公司核心文化营造了"重视人、尊重人、关心人、爱护人"的人本氛围，其最终目的是感化员工成为他们自己的样子，人只有成为人自己的样子才是以人为本，才是真正的人本，才可以做好自己，也才可能获得自由。这与当下的百年梦想的国情何其吻合，只有曲总这样的哲人才有这样的洞见和平和，也才可能带领大家走向自由人的联合。第二宝是"终生学习、制度铁腕"，如果说"荣誉、责任、梦想"是尊重人，那么"终生学习、制度铁腕"就是尊重规律。当今时代是"互联网+"的时代，是第三次工业革命的时代，是工业4.0的时代，是服务经济大行其道的时代……，所有的这一切都没有模式可循，我们知道的只有不确定，因此学习成了执行者、管理者、领导者乃至所有人的头等大事。曲总也不例外，我所认识的曲庆武是一位终身学习者，也只有他能把彼得·圣吉和张声雄的学习型组织引入人保，也只有他能把《苏菲的世界》这本20世纪经典著作读烂，也只有他不断地参加各种培训班提升自我和团队。光自己学不够，还要发动大家学，要将学习变成制度，并通过严格的考核落实这项制度。光有学习制度还不够，还要制定方方面面的公司制度，要让公司这艘大船徜徉在制度的海洋中，让制度为公司的发展保驾护航，这也是PICC辽宁省分公司这些年从制度建设中尝到的甜头。第三宝是"百万年薪，敢用青年"，年轻人有活力、有发展，往往代表了一个公司的未来，怎样让80后、90后这群即将成为公司骨干和主流的年轻人发光发热，这是很考验一位公司领导人的经营智慧的，不过这难不倒"学习者"曲庆武，在他的倡议下，公司设立了百万年薪和青苹果成长计划，这样的制度为青年人的成长提供了保障，实际上为年轻人搭建平台就是创造公司的未来，曲庆武深谙此道。有这样的经营人心之法，曲庆武不成为赢家谁成为赢家呢？因为年轻没有失败，掌握了年轻人就掌控了未来。

交响：奏响人保的交响乐章

从2009年5月12日开始，PICC辽宁省分公司奏响了时代的最强音，公司综合治理达到了历史的新高度。曲庆武接掌辽宁省分公司的时候，公司处于发展困境，但就在这样的现实下，曲庆武带领辽宁公司从亏损十几个亿转为盈利十几个亿，先后消化了常年积累的几十亿的包袱，不但为公司赢得了市场信誉，更为公司赢得了未来的声誉。这恰恰说明一个公司的成长和成绩与公司领导人的气质是分不开的，这恰恰说明曲总坚持的人文的胜利，这恰恰说明其管理哲学思想的胜利，这又恰恰说明"责任、荣誉、梦想"这一企业文化的胜利。保监会主席项俊波是这样为中国保险业解析新定位的：保险业是现代经济的重要产业、市场经济的基础性制度和风险管理的基本手段，可以在服务国家治理体系和治理能力现代化的进程中大有作为。由此看来，保险业的春天才刚刚到来，能引领中国保险业走向世界的除了市场之外，还需要我们的人文传统和领导人的哲学思想。我们有理由相信，像蜜蜂一样的PICC辽宁省分公司的所有人，在追求哲学王的曲庆武的带领下，面对春天的百花，经过辛勤的采蜜，必将酿出最甜蜜的硕果，必将继续奏响辽宁人保的最强交响乐章，必将奉献"至真、至善、至美"的保险天下。这就是"责任、荣誉、梦想"的哲学春天。

祝愿PICC辽宁省分公司明天更美好！

乙未年癸（2015年7月12日初稿，2015年8月8日修稿）

天山易简（孙新波）于蒙堂

目　录

绪　论

　　蜜蜂是与人类关系密切的社会性昆虫。在人类发展的历史长河中，人对蜜蜂的认识逐渐深化，并从野外采集蜂蜜，发展到饲养蜜蜂，利用蜜蜂产品，将蜜蜂融入人们生活之中。《三字经》中"蚕吐丝，蜂酿蜜；人不学，不如物"是一个流传百世的哲理，号召人们学习蜜蜂，辛勤劳作。

　　蜜蜂以勤劳博得人们的赞美，以酿造甜蜜赢得人们的喜爱，是勤劳的象征，是甜蜜的替身。学习蜜蜂，像蜜蜂那样做一名好员工，曾一度成为时代的潮流。那么，是什么让蜜蜂如此深受推崇，蜜蜂哲学又是什么？这正是本书将和读者一起探讨的问题。

　　本书正文共九章，分为三大部分。

　　首先，从公司的发展史切入，介绍公司从诞生、发展到站在历史新起点等的几个重要阶段。

　　其次，分别从公司的文化、领袖、团队、组织、激励、战略和创新七个方面阐述公司的经营方法和管理哲学思想，并由此构建出本书的基本模型——蜜蜂哲学之蜂巢模型，如图 A 所示；再以基本蜂巢模型为中心，衍生出全书的思想框架，如图 B 所示。

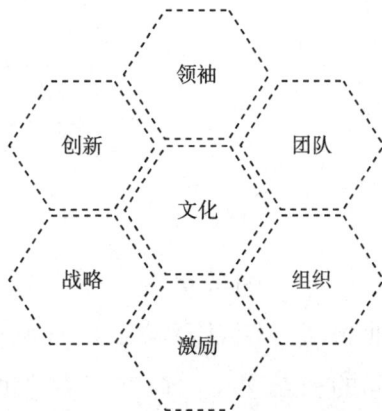

图 A　蜜蜂哲学之蜂巢模型

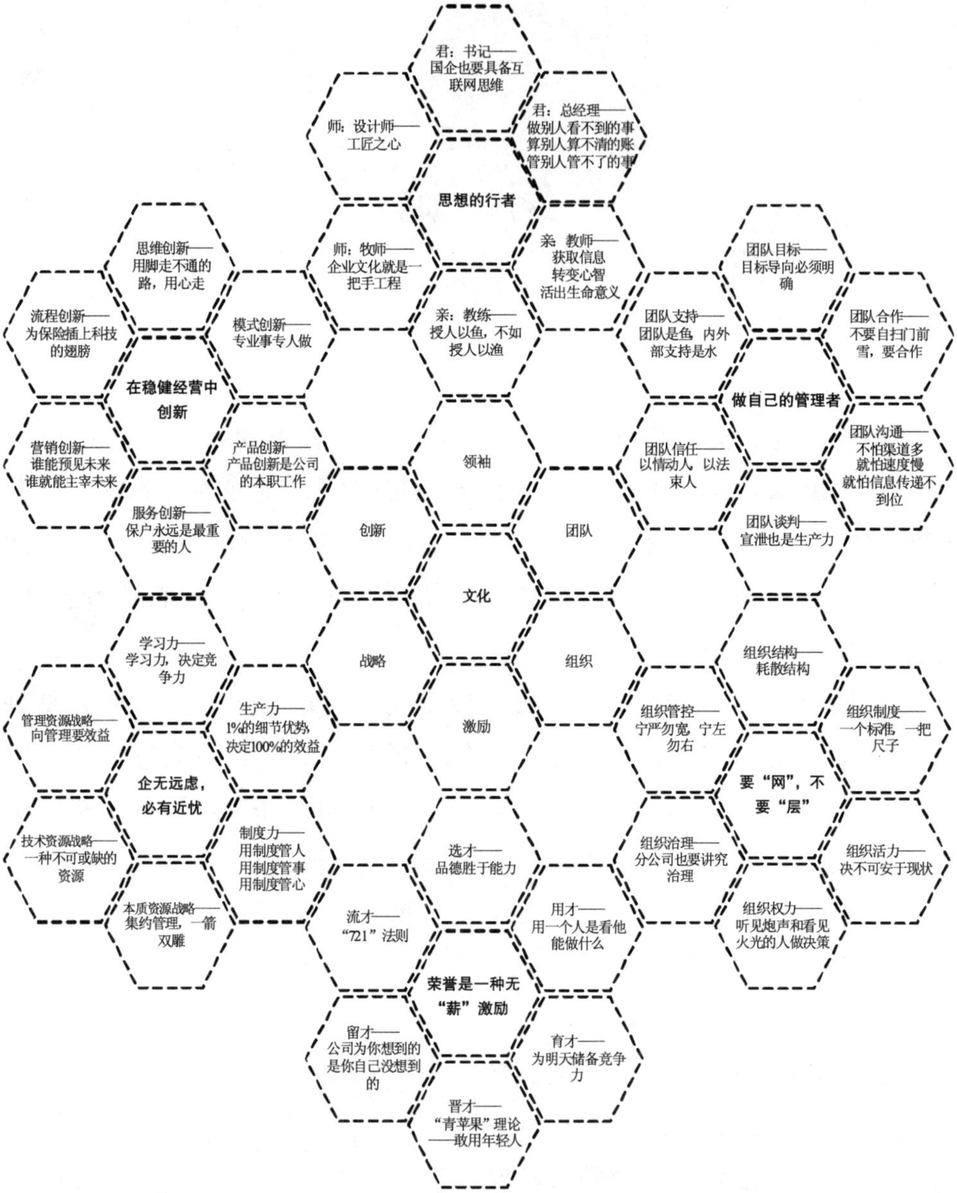

图 B 蜂巢模型之思想框架

最后，围绕蜜蜂哲学构建出公司的企业生态系统，如图 C 所示。企业生态系统具有动态、开放和交互的特点，通过人、企业及其环境之间的动态交互，最终三者之间实现一种和谐共生的状态。

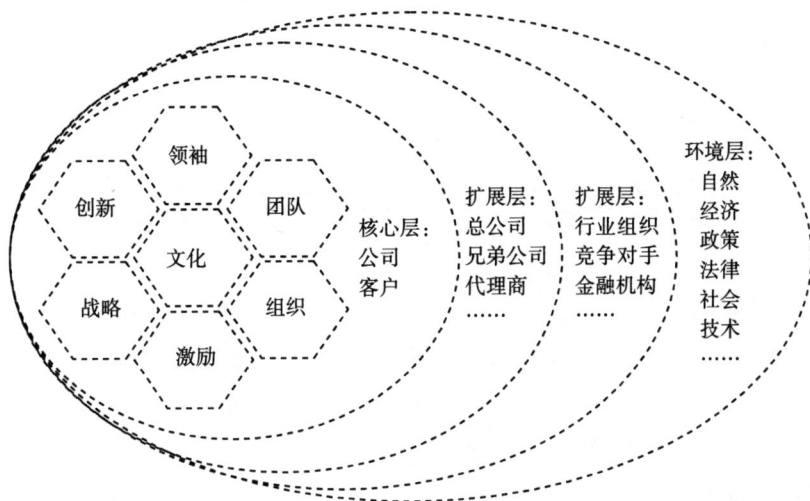

图 C　公司的企业生态系统

　　本书以蜜蜂比喻辽宁人保人，以蜂巢比喻辽宁人保公司，结合蜜蜂所具备的高尚品质，用"蜂与哲"道出蜜蜂哲学，诠释企业及其员工应具备的素质和能力，有助于企业和员工点燃工作激情，对其一步一步走向卓越具有一定的激励和引导作用。

第一章　走进辽宁人保

六十多年风雨兼程，六十多载岁月悠悠。

PICC 与祖国同龄，与祖国同行，与祖国同庆！

哪里有人民，哪里就有中国人保，共和国历史的筋脉和血肉，中国人保与之同甘共苦。六十多年的风雨印迹，印证了新中国保险事业历经艰辛、由弱到强，一步步走向辉煌的发展史。

中国人民财产保险股份有限公司辽宁省分公司（以下简称"公司"）作为中国人保财险一类省级分公司，始终恪守诚信与规范，珍惜重诺守信的优良传统，倡导人本和谐，把满足客户需求作为公司发展的出发点，现已成为辽宁省营业网点最多、保费规模最大、市场份额最高、人才储备最全和服务领域最广的财险机构。

第一节　辽宁第一"险"

1948 年 11 月，为适应国民经济恢复与发展的需要，东北银行拨黄金五万两，于 1949 年 5 月 10 日在沈阳成立东北保险公司（公司的前身）。1949 年 10 月 20 日，中国人民保险公司随之诞生，东北保险公司于 1949 年 11 月 1 日改组为中国人民保险公司东北区公司。经过一系列机构重组与改革，中国人民保险公司东北区公司于1954年9月1日更名为中国人民保险公司辽宁人保公司。

1958年，国内保险业停办。1979年4月，国务院决定逐步恢复国内保险业务，公司于1980年2月重新恢复业务。1986~2008年的20多年间，公司的发展经历了机构改革、业务创新和股份制改造三个重要阶段。公司的改革和创新促进了公司保险业务的发展、经营规模的不断壮大、服务领域的持续扩大、社会保障作用的充分发挥。

第二节 "5·12"——站在历史的新起点

2009年5月12日，对于公司具有里程碑意义。新上任的曲庆武总经理在公司人力资源专业能力建设工作会议暨2009年1~4月经营形势分析会议上（以下简称"5·12"会议），发表了题为《求真务实、效益第一、和谐奋进，实现辽宁公司经营管理的根本性好转》的重要讲话。

会议确立了未来3~5年的奋斗目标：打造班子队伍和谐、风险控制严格、销售能力强劲、服务品质卓越、运营管理规范、创立水平突出的现代化、专业化、学习型和创新型的优秀团队。实收保费要保持每年10%以上的增速，正常年景下承保利润率要保持在5%以上，力争2013年实收保费突破60亿元，实现速度和质量、规模和效益的有机统一。

会议决定公司未来六个方面的战略举措：

- 进一步转变观念，统一全员思想；
- 专家治司，打造一流的风险识别与控制能力；
- 创新举措，打造一流的销售和服务能力；

- 制度立司、文化兴司，打造一流的运营管理能力；
- 加强管控，打造一流的创利能力；
- 加强人力资源专业能力建设，提升班子、队伍整体素质。

"5·12"会议精神得到了系统上下的广泛认可，凝聚了人心，鼓舞了士气，统一了思想，转变了观念，为公司发展奠定了深厚的思想基础。

在"5·12"会议精神的指导下，2009~2014 年公司保费收入逐年攀高。2014 年公司保费规模突破 70 亿元，保持地区行业主导地位，承担风险责任达 3.8 万亿元，是全省同期 GDP 的 1.3 倍。2009 年以来累计支付各类赔款 212 亿元，缴纳税费 57 亿元，为支持地方经济发展做出了积极贡献，有力支持了辽宁经济建设和社会和谐稳定。

这些令人振奋的成绩的取得，是因为公司在新的领导班子带领下，树立了以"荣誉、责任、梦想"为核心的文化体系，确信了新的领袖核心，建设了自我管理型的团队，形成了自组织，用激励打造了核心人才队伍，明确了前瞻型发展战略以及稳健型的创新策略，如图 1-1 所示。这一切将继续支撑公司不断前行。

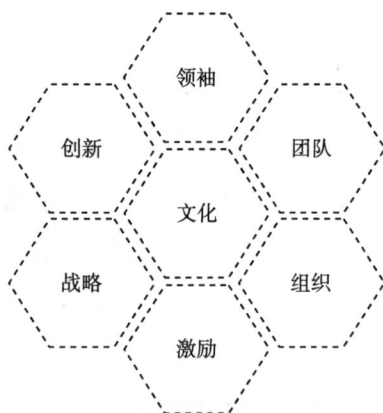

图 1-1　蜜蜂哲学之蜂巢模型

第二章　文化

人类因文化而伟大，企业因文化而长青。企业文化是企业信奉并付诸实践的价值理念。一个优秀的企业必须建设卓越的文化，辽宁人保公司构建了蜂巢型的企业文化体系，如图2-1所示。

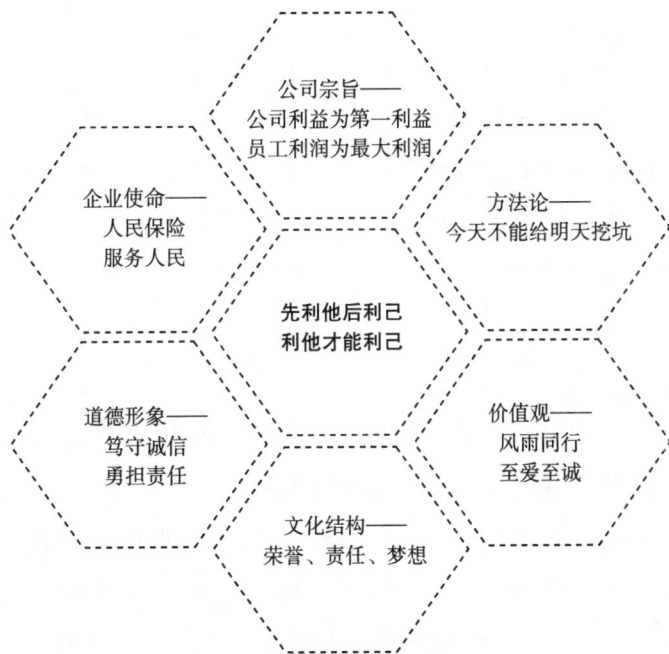

图2-1　蜂巢型企业文化体系

公司在发展过程中，高度重视企业文化"软实力"建设，形成了以"先利他后利己，利他才能利己"为核心的利他型文化，又以"利他型文化"统领公司宗旨、方法论、价值观、文化结构、道德形象和企业使命等较为系统的企业文化体系。其中，文化结构又以"荣誉、责任、梦想"的核心文化为中心，包含精神文化、制度文化、行为文化和物质文化四个层面。企业是树，文化是根。从精神文化到制度文化、行为文化和物质文化，由根及树，是一个意会、言传和行贯的有机统一过程。

这些文化要素之间相互影响、相互制约，共同构成公司动态的企业文化体系。

第一节　先利他后利己，利他才能利己

每个企业都有自己的企业文化，那么，什么是企业文化？

目前，很多企业把公司的企业文化打造为活力型狼性文化，如中国的华为、百度和韩国的三星等；稳健型羚羊文化，如海尔、中兴和苏宁等；市场型鹰文化，如联想、伊利、TCL和中国平安等；人本型象文化，如万科、青啤、长虹、海信等。而公司则努力打造自己的利他型蜜蜂文化。

蜜蜂文化与狼文化、羚羊文化、鹰文化和象文化都不一样，从本质上讲是一种利他主义的文化。蜜蜂是动物界唯一的利他主义者，蜜蜂不损害任何动物和植物，永远与大自然和人类和谐相处，通过辛勤劳作为大自然和人类做出巨大贡献，尤其是蜜蜂对保护、优化、美化人类的生存环境发挥了巨大作用。在瞬息万变的保险市场，公司已经走过了60多个年头，经历了风风雨雨、万千磨难与坎坷后，仍然保持行业绝对领先地位，备受人民群众认可，靠的就是利他型蜜蜂文化。"先利他后利己，利他才能利己"是公司利他型蜜蜂文化的高度概括。公司认为"利己"可以赢得一时，但是"利他"才可以争千秋。公司

一直都在思考持续发展、永续发展，对公司来讲"利他"是最好的"利己"，因为通过"利他"才可以保证最好的"利己"。

在公司，每一名员工都为创造和实现利他服务而工作，员工通过在工作中满足自身物质的、情感的、心理的和精神的需要，发现和实现自身的价值。公司在以下需求之间找到了动态的平衡：公司生存和发展的需要，员工个人实现的需要，客户价值最大化的需要和当地经济的、社会的、环境的可持续发展的需要。

公司将员工"自我实现的需要"作为最大福利，以"员工利益为最大利益"为公司宗旨，这是利员工；公司坚持"以客户为中心"、"客户永远是我们最重要的人"的服务原则，这是利客户；公司以"和为贵，爱无垠，善若水，道长久"为道德信念，这是利社会。

低碳修复

针对制约机制，公司推出了"低碳修复"方案，这是公司保障客户利益、堵塞理赔漏损的又一项给力举措。

"低碳修复"方案，就是要求4S店对能维修好的车辆零件，绝不轻易进行更换。汽车"低碳修复"是将出险车辆中大量可修复的易损塑料件、铝制件和灯具等配件，通过专业设备和技术手段恢复使用功能，修复后的配件对汽车原有性能及外观没有影响，使用寿命达到新件的80%以上，而且与整车匹配度更高。

2014年年初，沈阳理赔中心来了一位"贵客"。一辆劳斯莱斯古思特轿车由于追尾，大灯和前杠受损。一开始，4S店给出的方案是：仅能进行更换，报损价格22.4万元。随后，公司派出定损员，他按照公司出台的"低碳维修"标准，再结合自己的经验，判断该车大灯及前杠均可通过"低碳修复"的方式修复。经沟通，"低碳修复"方式得到客户认同，同意对损伤较轻的大灯和前杠进行修复。最后，公司仅用1万多元就完成了修复工作，并以较短的维修时间和较高的维修质量赢得了客户的赞誉。

据统计数据显示，公司2013年对近3000个配件进行了修复，减少了近80%的费用支出，不但减损成效显著，而且契合国家循环经济发展思路，节约了社会资源。

"低碳修复"一改投保人"损坏即更换"的传统思维模式，这种传统模式使客户和修理厂对更换配件形成习惯，一定程度上造成材料浪费。此外，传统的维修方式也给4S店或投保人牟取暴利提供了生存的土壤。因此，"低碳修复"既可节约资源，又可对公司的理赔线进行相应的管控。

葫芦岛市分公司的绿色行动是积极投身绿色环保事业的一个缩影。公司热衷绿色环保事业、慈善事业，组建志愿者服务队伍，开展爱心活动，通过多种形式和途径奉献爱心、回馈社会。在全省范围内推行低碳维修，运用微信、电子保单、电子账单等科技化服务手段，倡导绿色低碳经营；同社会公众共同履行社会责任，开展植树活动改善环境；开展公益活动关爱孤独症儿童，参加学雷锋公益活动，向郭明义学习，开展爱心捐款活动；在汶川地震、玉树地震时，用实际行动为灾区群众送去温暖，积极为灾区募集善款，支援灾区建设。

这一切的所作所为都可以概括为两个字"利他"。对社会的利他，换来的是社会的认可与赞誉；对员工的利他，换来的是员工的敬业与奉献；对客户的利他，换来的是客户的忠诚与信赖。利他也是利己，利他将成为公司永续发展的不竭动力。

老子曰：天长地久。天地所以能长久者，以其不自生，故能长生。是以圣人后其身，而身先；外其身，而身存。非以其无私邪？故能成其私。

人是如此，企业亦是如此。阿里巴巴集团董事局主席马云曾说，"做企业利他才能利己"。中国建筑材料集团公司董事长宋志平曾说，"利他主义是我坚持的企业观"。曾任国际伦理学学会主席的彼得·辛格也积极倡导企业"做高效的利他主义者"。

蜂与哲：

蜜蜂在一亿多年前诞生，在这一亿多年中，超过一亿种物种消失了，连恐龙这样曾经不可一世的庞然大物也消失了，而蜜蜂不仅延续至今，而且依旧生机勃勃，这正是因为蜜蜂的利他主义。作为企业，只要努力钻研创新，总会有发展的机会。但是，在努力经营企业的过程中，经营者不能只顾自己个人的私利，还必须要利员工、利客户、利社会、利环境，以利他之心经营企业，借由利他，而达成更高程度的利己。

第二节　公司利益是第一利益，员工利益是最大利益

企业管理已经进入了文化管理阶段，可以说，企业文化管理的诞生是企业管理发展史上一次具有伟大意义的划时代变革，它标志着企业管理由传统模式向现代模式的转变与过渡。其中心点在于，企业管理要重视人，强调人，把人真正地看作企业的主体和主人，建立"以人为本"的主体性原则，实现"以人为本"的企业文化管理。

目前，全世界有很多企业都主张建立"以人为本"的企业文化，如美国的英特尔、荷兰的飞利浦、日本的丰田、韩国的LG电子和中国的万科，辽宁人保公司也是如此。2009年公司提出"以公司利益为第一利益，员工利益为最大利益"的企业经营宗旨，这句话的言外之意就是公司尊重员工，依靠员工，发展成果与员工共享的人本理念。用公司一位员工的话来形容就是，"公司为你想到的是你自己没想到的"。曲庆武总经理说："'以公司利益作为第一利益，员工利益作为最大利益'，就是员工利益无小事，员工是公司最宝贵的资源。要善待每一位员工，充分发挥员工的聪明才智，调动员工的积极性、主动性与创造性。在工作中要多赞扬、少批评，减少员工压力，培养员工信

心，形成和谐高效的工作氛围。"

企业即人，无人则止，企业最大的资产是人。因此，企业文化的塑造必须体现以员工为本，尊重人、关心人、理解人和爱护人。员工只有感到企业重视、尊敬和信赖他们，感到自己是企业中的一员，才会对企业产生信心和责任感。无法想象一个连内部员工都不满意的企业，能够赢得社会的认同。那么，公司的"以人为本"又是如何做的呢？主要体现在以下三点：

1. 以人为本，重视员工的基本需要

公司推行绩效考核，让员工通过业绩提升获得让他满意的报酬。公司明确提出，员工收入涨幅不能低于 CPI 的涨幅，几年来员工工资年均增长 30%以上，超过 CPI 增幅平均值。同时，公司连续九年开办补充医疗保险，最大限度为员工谋取利益。

2. 以人为本，学会激励员工

金钱不是万能的，物质上的满足不能代替一切。员工在满足生活和安全这些基本需求后，还有更高的需要。为此，公司提出以"员工自我实现的需要"作为员工最大的福利，用员工的自我实现来激励员工。实施"百万年薪"项目，用完善的考核激励机制，为能者搭建平台，让能者先富起来，为个人搭建发展平台。

2014 年 7 月 20 日，公司机关本部健康体检活动正式启动，本部全体员工及离退休人员共计 150 余人享受了公司的"体检福利"。

为此，公司做了很多工作，专门收集员工的意见。在综合员工对服务、设施、环境及医疗水平等方面的意见之后，公司才最终确定了体检医院。同时公司还精心挑选适宜的体检项目，在往年血常规、尿常规和血糖血脂等内外科项目基础上，根据员工建议增加一些新的体检项目，进一步扩大检查范围。实际上，在 2013 年公司就根据女性员工的特殊需求，为系统 423 名女职工免费进行两癌筛查，同时还对怀孕女职工进行唐氏综合征免费筛查。

公司非常重视一年一度的员工体检工作，将之固化为全年员工幸福感工程的必要项目。从选择体检医院，到确定体检项目，再到人性化的体检安排，都体现出公司对员工的重视，真正体现出什么是"以人为本"。

3. 以人为本，重视培养员工

公司从多方面培养员工。首先，协助员工完成职业生涯规划，使其能够与公司命运共联；其次，为员工确定达成职业规划的途径、方法和措施，如鼓励员工自我提升，凡通过自学获得国家承认学历和资格证书的，都会获得费用补贴；再次，公司从体制机制上为员工创造实现其职业规划的平台，如岗位竞选、双选等；最后，还会对员工职业规划进行阶段性评估与反馈，以采取相关调整措施。

公司始终坚持善待每一位员工，将员工利益作为最大利益，满足员工需要，多途径激励员工，重视员工培训，所以"以人为本"在公司没有成为一句空话、一句标语。

中国的很多企业都已经建立了"以人为本"的企业文化，如雅戈尔创造了"将所有员工视作亲人"的亲和文化，远东集团倡导"一人进远东，全家远东人"的和谐内部关系，格兰仕更是提出"人是格兰仕的第一资本"。因为他们已经意识到虽然企业之间直接的竞争是对市场的争夺，但背后却是人才的竞争、文化的竞争。"水往低处流，人往高处走"，只有占领"以人为本"的文化高地，才可以吸引更多优秀的人才，进而获得持续的竞争优势。

蜂与哲：

蜜蜂群体是一个非常庞大的群体，小的蜜蜂群体也有上万只蜜蜂，大的蜜蜂群体的蜜蜂数量竟然高达 15 万。这么庞大的一个群体能够和谐相处靠的就是善待每一只蜜蜂，也就是以"蜂"为本。企业经营也是如此，蜜蜂群体以"蜂"为本，企业就要以"人"为本，关爱员工，关注员工的需要，从不同的角度为员工谋福利。真正的好企业不是福利发得多，而是能将福利真正地发到员工的心坎中，将员工的利益放在第一位，做到以"人"为本。

第三节　今天不能给明天挖坑

2008年8月，当王银成出任人保财险总裁时，摆在他和管理团队面前的几乎是背水一战的局面：公司面临着改善盈利状况、降低经营成本、调整资本结构等问题。面对千头万绪的工作，王银成当时只讲了八个字，"短期有效，长期有利"，即"今天不能给明天挖坑"。这八个字也成为辽宁人保公司处理一切矛盾的原则。

效益第一

"效益第一"，就是业务发展坚持"有效益的规模"。

到底是要规模还是要效益？一直都是公司最大的困惑。在王银成总裁提出的"短期有效，长期有利"的原则之下，公司找到了明确的答案——"效益第一"，即坚持"有效益的规模"，不单纯为了发展而发展。这种做法真正实现了短期有效，即解决了亏损问题，赢得了利润；也实现了长期有利，即加强了内控，赢得了发展。

先前，公司为了完成保费指标而重规模、轻效益，不计成本地承保一些赔付率高、连年亏损的业务，经营效益水平低，而忽略了核保控制、理赔管理、内部建设等方面的工作，到最后有了规模，却没了效益，为了规模牺牲了效益。

2009年之前，包括公司在内的全国车险市场普遍存在着这样一种"怪现象"，买车的人越来越多，车险的保费收入年年上涨，但是车险业务却是年年亏损。

其实，赔付率居高不下是导致这种现象的始作俑者。赔付率之所以居高不下，也是由于公司过于注重规模，而忽视了效益。

近几年，公司一直坚持"有效益的规模"的发展原则，主动放弃了一些业务，摒弃了只为业务规模而不顾后果的盲目扩张市场的行为。当规模和效益可以兼得时，既要创造效益，又要形成规模；当规模与效益不能兼得时，坚持要效益，不片面追求规模。

质量至上

"质量至上"，就是核保和理赔坚持"有速度的质量"。

核保和理赔到底是应该坚持速度快，还是坚持质量高？如果核保松、理赔宽，那么服务速度肯定快，但是带来的后果就是较高的综合成本率；如果核保紧、理赔严，虽然能够控制成本，但是可能会牺牲市场。为了解决速度与质量这个矛盾，公司提出了"质量至上"，也就是坚持"有速度的质量"的工作原则。

公司努力加强承保和理赔质量管理。在承保质量管理方面，公司严格管理签单，并实施核保省集中。在进行业务选择的时候，选择质量较高，理赔风险较低的业务，建立"ABCDE"客户分类标准，对高风险客户采取提高保险费率等限制措施，不一味为了追求速度，而放弃对质量的控制。在理赔质量控制方面，公司实施"大案讲质量、小案讲速度"。小案件赔付金额不高，且顾客对这种理赔的主要诉求就是速度快，所以公司在应对较小额度的理赔案件时，坚持速度至上。针对理赔额度较大的案件，则需要坚持质量，因为一般大案件往往涉及较大规模的赔付，对公司经营影响较大。

车险理赔反映了公司"小案讲速度"的原则。公司规定：在全国范围内，对不涉及人伤、物损的车辆损失赔案，损失金额在 10000 元（含）以下，客户提交的索赔单证齐全，一小时内完成单证收集、理算、核赔工作并告知客户赔款金额，同时通知财务部门付款。

一个小时要完成车险理赔的若干个环节，速度真可谓快。

企业的经营矛盾很多，如何处理这些矛盾就需要一个原则。"今天不能给明天挖坑"的"短期有效，长期有利"的矛盾处理原则也许是一个较好的选择。如果企业只注重短期利益，忽略长期利益，那这样的企业到最后也只能如清晨的露水，落得个"昙花一现"的下场。相反，如果企业经营能够回归经营逻辑，回归商业本原，遵循"短期有效，长期有利"的原则，做到"有效益的规模"和"有质量的速度"，那么企业基业长青也就不远了。

蜂与哲：

曾经有一则关于蝴蝶和蜜蜂的小故事。蝴蝶在春天、夏天和秋天又是玩乐，又是跳舞，又是睡觉，到了冬天因为没有做任何准备，被冻死在寒冬之中。春天，蜜蜂在劳动；夏天，蜜蜂还在劳动；秋天，蜜蜂仍然在劳动；冬天，它们有了充足的粮食，度过了一个安逸的冬天。从这个故事来看，蝴蝶目光短浅，蜜蜂目光长远，不断为未来做准备。企业同样如此，"今天不能为明天挖坑"，不能为了一时的利润、利益、发展，而搭上未来。企业要处理好短期利益和长期发展的关系，既要做到短期有效，保证当前生存，还要做到长期有利，保证未来发展。

第四节　风雨同行，至爱至诚

核心价值观是企业在追求经营成功过程中推崇的基本信念和奉行的目标，是企业全体员工一致赞同的关于企业意义的终极判断，是企业文化的灵魂。"风雨同行，至爱至诚"是公司的核心价值观。

与共和国的长子风雨同行

1949年10月，中国人民保险公司在北京成立，同年辽宁人保公司在沈阳成立。辽宁人保公司的发展足迹，也是与共和国的长子——辽宁风雨同行的足迹。

历经创业与发展，承载光辉与荣耀，公司在"风雨同行，至爱至诚"的实践中，始终牢记责任，将公司发展与辽宁的经济发展、社会进步与人民福祉紧密相连，充分发挥保险的功能作用，为促进改革、保障经济、造福人民而尽职尽责，深耕不辍。

伴随着辽宁经济的快速发展，公司有效发挥保险职能作用，保险保障从海上项目、油田项目和全运会等重大项目，到工矿企业、交通运输、农业生产和对外贸易等经济社会重要领域，再到关系民生的人身意外、机动车辆、"菜篮子"和"米袋子"工程，可以说公司的保险范围覆盖和渗透到了辽宁经济的各个领域。

"风雨同行"生动地刻画出公司与辽宁省同呼吸、共命运、同成长的发展历程，勾勒出公司始终与客户风雨同舟、为客户排忧解难的良好企业形象，也描绘出全体干部员工同甘共苦、同舟共济的和谐图景。

至爱关怀

八小时快速赔付

2012年2月20日凌晨，某铸造厂在进行大型铸件浇铸过程中发生钢水喷爆事故。

一直以来，该企业都是公司的重要客户。接到报案后，获知损失重大，公司立即派人赶赴事故现场，指导善后及理赔处理工作，协助该企业开展施救。鉴于事故损失巨大，公司立即启动绿色通道服务，减免程序，特事特办，一次性支付预赔款740余万元。事故发生八个小时后，赔款便已快速支付到位。

随后，公司密切跟踪服务，安排医疗服务人员每天赴医院慰问伤员，关注伤者治疗情况，在获知有两名重伤员医治无效去世后，均在一日内迅速支付赔款。公司积极查阅相关资料，鉴定损失程度，协助企业共同研究维修恢复方案，在双方密切配合下，善后工作进展非常顺利，该企业得以迅速恢复生产。最终公司仅用17天将2980余万元赔款支付到位，获得客户高度赞誉。

本次事故的快速赔付，创造了辽宁省保险业重大事故赔付时效的纪录。公司以高效、快捷、实事求是的服务理念，热情、积极的服务态度，切实承担了社会责任，履行了合同义务，发挥了良好的保险示范作用，树立了保险业的良好形象，提高了全社会对保险的认知度。

责任与担当无处不在

2009年6月至10月，辽宁西北地区遭受60年不遇的特大旱灾，辽西北436个乡镇农作物受灾面积1253.39亩，灾情严重。为了减少旱灾为农民带来的损害，辽宁人保公司启动大灾应急预案，公司先后组织2万余人次的查勘定损，第一时间对受灾农户进行了赔付，累计支出赔款3.42亿元，为灾区群众尽快恢复生产提供了有力支持。

为了感谢辽宁人保公司在2009年旱灾中所做出的重要贡献，2010年4月29日，辽宁省委书记王珉、省长陈政高代表辽宁省委、省政府，专门向总公司吴焰董事长和王银成总裁发去亲笔签名的感谢信，如图2-2所示。

这只是公司灾害理赔的一个缩影。灾难与人保如影随形，公司的责任与担当无处不在。近年来，公司先后快速处理了2009年旱灾、2010年水灾、2012年双台风和2013年"8·16"洪灾等五次灾害，直接赔款近18亿元，发挥了保险公司应有的作用。公司不但要经受重特大灾害的考验，做好重大事故的理赔，而且更多的是每天需要面对数

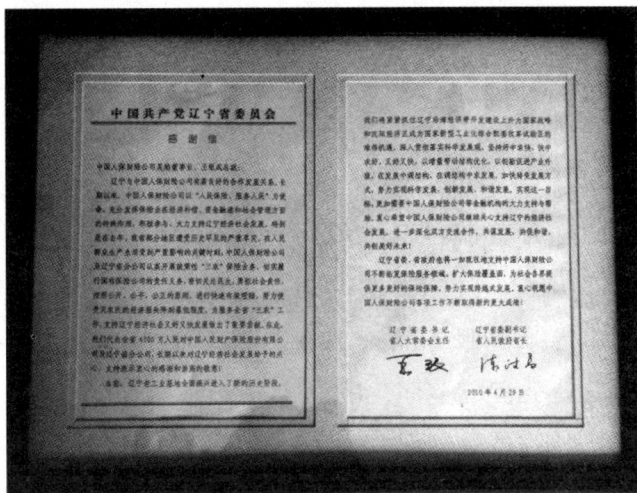

图 2-2　辽宁省人民政府发来的感谢信

以千计的中小赔案，包括汽车、货物运输、家庭财产和人身意外等事故的及时处理，公司用润物无声的方式，帮助事故受害者渡过难关，维护了社会和谐和安定。

至诚服务

一小时不到就搞定了赔款

2013 年 8 月 6 日下午 2 点 25 分，车主王先生收到一条电话短信："尊敬的客户，您好，您的车险索赔案已办理完成，8586 元赔款正在办理银行转账，请您注意查收。"

这是公司 95518 客服中心发给王先生的赔款提示短信，这时，距王先生离开理赔营业厅还不到一小时。"真是没想到，竟然这么快！一小时不到就搞定了赔款。"王先生不禁感叹。

王先生的情况并不是特例，这是公司践行"车辆损失万元以下，不涉及人伤的一小时通知赔付"服务承诺的体现，赢得了客户的广泛信赖和认同。

公司依托遍布全国的一万多个服务网点，实行"异地出险、就地理赔"，随时随地为客户提供从报案到赔款全流程的高效服务；利用电子传输技术，推出远程定损服务，提高定损理赔效率，减少客户往来奔波之苦；开通车险电话和网络投保渠道，车主坐在家中拨打电话或点击鼠标，就可得到送单上门服务；推出"承保理赔信息自主查询"系统，方便客户随时查询自己的承保理赔信息，做到承保理赔过程全透明。为了做好服务，公司不遗余力，始终没有停下追求服务领先的脚步，从打造业内第一服务品牌出发，狠抓服务质量，不断推出各项服务新举措，以满足客户多样化的需求。

至爱至诚是公司价值观的核心要素，是凝练了公司经营理念的思想格言和情感基础。至爱至诚，既道出了保险传播大爱的属性，又意味着公司作为国有保险骨干企业，爱国爱民、立足本职、服务全局的神圣职责；既充分体现了保险的最大诚信原则，又具有传统的精髓。

蜂与哲：

蜜蜂有着很多的共同行为，如各尽其能、分工协作、无私奉献、维护群体和勇敢顽强等。蜜蜂的这些相同行为是因为它们有着共同的行为准则，也就是我们常说的核心价值观。蜜蜂如此，企业更该如此。企业的核心价值观是企业最持久和最根本的信仰，是企业及其每一个成员共同的价值追求、价值评价标准和所崇尚的精神，对企业的发展有着深远而重大的影响，所以每一个企业都要建立让全体成员都能信奉和追求的核心价值观。

第五节　笃守诚信，勇担责任

早在 1988 年，联邦德国《世界报》发表了一篇题为《美国人认识到：道德学是管理的总钥匙》的文章，对企业与道德的关系问题做了相当深刻的分析。文章指出，"道德良好，生意兴隆"这一古训似乎已成为企业的一条准则。在企业中，道德问题的重要性在增加，公众对管理的道德意识和环境意识所抱的期望也在增加。现在很多企业都在提倡"儒商文化"，"儒商"说到底就是一种商业道德形象，其基本内涵是"以德为本"，也就是"德之本也，财之末也"。

可喜的是，公司早已经注重企业道德。"笃守诚信，勇担责任"是公司竭力树立的企业道德形象。为了在社会公众心中树立良好的社会道德形象，公司采用了三种途径，第一，讲诚信，守信用；第二，遵循公平竞争的原则；第三，热心公益事业，自觉履行应尽的道德义务。

讲诚信，守信用

在保险行业流传着这样一句话，"卖保险就是卖信誉"。诚信，是保险业赖以生存和发展的基石。诚信以及对诚信的依赖，从保险行业诞生的第一天起便贯穿于每一次承诺和履行承诺的始终。公司将"诚实守信"作为公司的生命线，坚守"信誉重于生命"。

"讲诚信，守信用"不只是公司的一句宣传口号，而是体现在公司的实际行动中。公司强调建立诚信文化，将诚信融入企业文化中，用诚信文化潜移默化地影响全体员工。公司要求服务诚信，不能为了业务指标欺骗客户，需要诚实地向客户介绍保险合同的每一项规则，包括风险，绝不允许出现欺骗、误导客户的行为。同时，公司将依法合规经营与诚信联系在一起，加强对各个关键环节的管控，做到诚实守信，不隐瞒、不说谎、不作假，不损害保险消费者的权益。

要保险，就要到讲诚信、守信用的人保公司

2013 年 8 月 16 日，抚顺哥俩好公司遭受了一场历史罕见的特大洪水袭击，院内水深均达 2.5 米，车间内标高 2.5 米以下的生产设备，

一楼办公室的所有电脑等办公设备以及研发中心的检测仪器、设备全被洪水浸泡而导致瘫痪，另外还有大量的产成品、原材料及包装桶、包装箱等被洪水冲走，公司蒙受了巨大的经济损失。灾难突如其来，如晴天霹雳。

人保财险抚顺市分公司得到消息后，冒雨连夜赶赴企业，迅速成立处理指挥小组，为帮助企业尽快自救，在接到报案第二天就提前预付了巨额款项。之后，理赔人员又日夜驻扎在该企业进行抢险和查勘工作，以最快速度达成赔付协议，支付了几百万元巨额保险理赔金。该企业一位领导激动地说："要保险，就要到讲诚信、守信用的人保公司。"话里饱含着感激与信任。

实践证明，对客户来说，今天你能在茫茫商海中以诚信感动他，明天他就会在茫茫人海中回头再来找你。

竞争再激烈，也要公平竞争

近几年，辽宁财险市场的行业自律"游戏规则"屡遭冲撞，竞争回归理性已经成为摆在保险行业面前的当务之急。

在每年进行的财险行业座谈会上，曲庆武总经理都会呼吁各财险主体"理性对待市场形势，冷静分析规模与效益、短期有效与长期有利之间的关系，坚持企业正常的经营逻辑，以盈利为底线，以盈利为资本，夯实和提升为客户服务的能力"，希望能够通过公司的呼吁与努力为行业发展营造良好的发展环境。

公司积极引导行业自律，更是提出"财险市场竞争再激烈，也要公平竞争"的发展原则。一方面，公司从自己做起。2009年，公司召开辽宁保险业第一个依法合规经营现场会，2010年在报纸上公开悬赏打假，持续联合多家保险主体，带头规范财险市场秩序。另一方面，联系同业公司，建立统一行业标准，维护公平竞争。公司联合省内同业公司，共同协商了部分车型业务的承保限制条件，根据不同业务的承保质量和盈利能力，科学调整承保条件，对家用车和营业货车分别最高按八折和九折承保。

2009年公司从车险规范入手，以沈阳车险市场为重点，对中介和4S店实行业务专营，从源头上规范竞争最为激烈的代理业务和4S店业务。另外，公司还特意成立了市场信息搜集和监督两个小组，以随时收集市场信息，监督各分公司、支公司的业务经营是否规范。最重要的是，公司不只是做做样子，而是说到做到。公司甚至还开展了深刻的自查自纠，并撤免了沈阳五家分公司有违规行为的支公司的负责人。

作为家底雄厚的国企，对于市场的价格战等非正常竞争，公司完全可以不管不顾，因为公司有足够的实力去和市场上任何一家竞争对手打价格战。但最后的结果肯定是两败俱伤，整个市场也会陷入灾难。作为一家负责的国有保险公司，辽宁人保是不会这样做的，也不会允许行业陷入灾难。曲庆武总经理说："无论市场环境如何变，保险业践行'守信用、担风险、重服务、合规范'的行业核心价值理念不能变，辽宁人保公司将履行央企社会责任，'有良知、尽本分、重民生'，与社会各界携手进步，共同推进辽宁经济发展。"公司一系列的行动也对此话做出了最好的注解和诠释。

热心公益，自觉履行道德义务

公司大力开展社会公益活动，通过保险服务和爱心捐赠活动自觉履行道德义务。2008年汶川大地震期间，辽宁人保人积极主动捐款捐物；2009年在"辽宁第一届全国老年人体育健身大会新闻发布会"上，向参赛代表团赠送了保险金额达7800万元的意外伤害保险；在2010年青海玉树地震发生的第一时间，公司立刻启动"大灾无情，人保有爱"捐款活动，曲庆武总经理带领机关员工为灾区捐款47010元；2012年5月21日，公司系统工会组织开展了"传承雷锋精神，向郭明义学习"爱心捐款活动，全省员工踊跃捐款75108.6元，汇入爱心事业所设立的专项账户，传递爱心事业；2013年，为支援在"达维"、"布拉万"双台风中受灾较重地区恢复重建，鞍山、营口、辽阳市分公司累计向灾区捐款36万余元。

2012年5月23日，曲庆武总经理代表辽宁保险业从当代雷锋郭明义同志手中接过爱心团队分队旗帜，宣告郭明义爱心团队辽宁保险分队正式成立，如图2-3所示。

图2-3 曲庆武总经理接过队旗，代表的是辽宁保险行业，荣耀的是辽宁人保

2014年7月4日上午，曲庆武总经理带领公司10余人来到葫芦岛市绥中县黄家小学，目的只有一个：捐款。为改善学校食堂设施，让孩子们吃上放心午餐，公司捐助现金5万元。同时还为黄家小学捐赠260本价值3000元的精美图书。

曲庆武总经理说："改善山区小学的基础设施，为孩子构筑快乐童年梦，为他们创造良好的学习环境，是国有保险公司应尽的责任与义务。"

纵观世界经济发展趋势，那些有极强市场竞争力的大公司，大都有几十年甚至几百年的历史，它们的共同点都是具有健康的企业文化，尤其是企业文化的核心——积极健康的企业道德。正是这种容易被忽视甚至抛弃的东西，形成了一种强大的动力，增强了企业的竞争力，为企业进一步发展创造了良好的条件。

蜂与哲：

蜜蜂顽强地在地球上存活了下来，而且家族不断地兴旺发达，子孙满堂，进化出多个品种，遍布世界各地，真可谓"四海之内皆兄弟，天下无处不蜜蜂"。人们不禁会问，在这亿万年残酷的物竞天择、优胜劣汰的自然选择中，蜜蜂凭借什么本事能如此脱颖而出呢？深究其原因，蜜蜂靠的是"软功夫"、"软实力"。在蜜蜂的王国里，经过漫长的自然进化，形成了诚信负责任的道德信念。纵览世界知名企业的发展史，企业道德是兴企之本、立企之基，是企业发展战略的重要内容。企业道德的好与坏关系到企业的声誉和生存，企业只有积极探索道德治理模式，提高企业道德治理水平和竞争力，方可立于市场竞争的不败之地。

第六节　人民保险，服务人民

人们习惯地称中央企业为"国字头"或者"国家队"，因为它们的名称中都带有"中国"字头，但是在辽宁省众多"国字头"企业中，像中国人民财产保险股份有限公司辽宁省分公司这样赫然带有"中国人民"字样的企业凤毛麟角。

在公司看来，"中国人民"的字样是荣耀，更是责任。

在60多年的发展历程中，公司始终恪守"人民保险，服务人民"的宗旨，积极履行社会责任，服务社会经济发展；积极发挥保险作用，促进和谐社会建设；积极拓宽保障范围，服务社会主义新农村。很多百姓说，"一有灾难，第一眼看见的，除了解放军就是人民保险"。是的，危难关头，总能见到人保人的身影。

"企业在追求自我发展时，要积极履行社会责任，多为社会做贡献，作为国字品牌的人保财险，更要勇于担当"。这是公司曲庆武总经理经常告诫各级管理人员的一句话。公司也用实际行动诠释着国字号企业的责任与担当。

积极履行社会责任，服务社会经济发展

公司坚持以服务经济社会发展为己任，通过有效的保险保障、全面的风险管理和及时的保险赔付，充分发挥保险的经济"助推器"和社会"稳定器"作用。公司先后承保了中国石油天然气股份有限公司、营口港、锦州港等一系列标志性项目。此外，公司还是沈阳地铁一、二号线工程项目的重要保障企业和首席承保人，为东北首条地铁的开通运营立下了汗马功劳。2013 年，在"8·16"洪灾、旱灾等自然灾害中，公司直接赔款 3.7 亿元，并积极配合政府部门做好灾后重建和社会稳定工作，帮助受灾地区和受灾群众尽快恢复正常的生产生活秩序。另外，公司在 2013 年"8·16"洪灾的抗洪救灾工作中创造了"四个第一"：第一家进入重灾区、最先设立保险服务站、预付赔款最多和从制订方案到支付赔款时间最短。2009~2013 年公司累计直接赔款 156.48 亿元，缴纳税费 42.61 亿元，在服务地方经济社会发展中起到了保驾护航的积极作用，有力支持了辽宁经济建设和社会和谐稳定。

"8·16"洪灾中的人保人

2013 年 8 月 16 日，辽宁省抚顺市发生了局地特大洪涝灾害，特别浑河清原段尤为严重。

抚顺市清原县南口前镇是本次受灾最严重的地区之一，灾区有引发疫情的危险。8 月 22 日，当地政府在南口前镇开通了一条生命通道，由于灾情严重，并不支持人员进入，但抚顺市分公司清原理赔分

部经理信爽不顾危险，毅然带领几个查勘员进入受灾地区，成为洪灾中第一支进入南口前镇的理赔队伍。他将车上所有食品和水都分发给灾民，并在现场设立灾区报案点、服务点，启动快速理赔渠道，对每家每户逐一勘查。经初步统计，被掩埋的车辆近80台之多，为尽快将车辆救出，减少损失，信爽坚持每天到受灾现场指挥，因连日疲劳工作，饮食不规律，他高烧不止，病中每天早上扎完针后又赶到现场，他的行为激励着其他人，在灾害面前，展示了人保员工高度的责任感和使命感。

为感谢辽宁人保公司抚顺分公司在"8·16"洪灾中做出的重要贡献，2013年12月27日抚顺市委、市政府向辽宁人保公司签发了感谢信。

在"8·16"洪灾中，辽宁人保公司直接赔款3.7亿元，并积极配合政府部门做好灾后重建和社会稳定工作，帮助受灾地区和受灾群众尽快恢复正常的生产生活秩序。2014年1月26日，为感谢辽宁人保公司在"8·16"洪灾中对全省做出的突出贡献，辽宁省人民政府再次向公司签发致谢函，如图2-4所示。

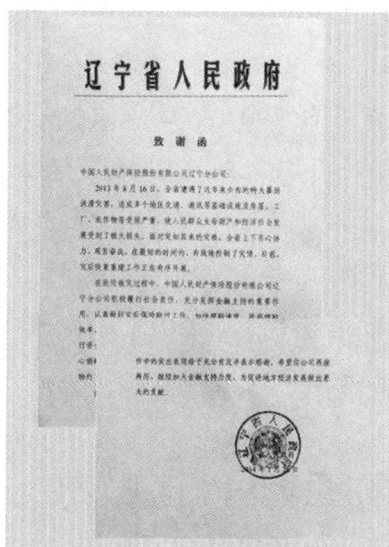

图2-4 辽宁省人民政府向辽宁人保公司签发的致谢函

积极发挥保险作用，促进和谐社会建设

服务社会主义和谐社会建设是保险业的本质要求，保险的基本功能与构建社会主义和谐社会的主要任务是完全契合的。公司也积极发挥自身作用，投入到和谐社会的建设中。

发展责任保险，助推社会管理。公司大力发展责任保险业务，发挥责任保险的辅助社会管理功能，分担责任方的民事赔偿责任，保障群众合法权益，维护社会和谐稳定。公司与省律师协会续签《辽宁省律师行业责任保险统保协议》，并成功将大连地区纳入统保范围；先后主承保辽宁省环境污染责任保险统保招标项目、全省道路客运承运人责任保险统保招标项目。

参与社会治安管理，促进平安社会建设。公司辅助政府提供公共服务，增强公共服务的供给能力，促进平安社会建设。另外，公司积极扩大综治险服务范围，在农村治安保险的基础上，创新性地实践了城市治安保险。2012年，在沈阳成功签下城市治安保险全国第一单，并在沈阳、鞍山进行试点。

2014年8月12日，公司被授予2013年度"辽宁省综治委先进成员单位"称号，这是公司自2007年试点启动、2008年开始全面推动治安保险工作，连续第七年获此殊荣。治安保险工作开办以来，公司通过将治安保险纳入业务发展总体战略，着力提升服务质量和水平，已累计为580万户农户提供风险保障。在农村治安保险的基础上，公司创新性地实践了城市治安保险。2013年，城市治安保险在全省13个地市已全部开办，参保客户数约4万户。

积极拓宽保障范围，服务社会主义新农村

面对部分地市分公司、县支分公司存在着不同程度的"恐农症"

现象，曲庆武总经理总是说："'三农问题'是关系全面建设小康社会和构建社会主义和谐社会的全局性问题，也是我国经济社会发展中的焦点和难点问题。作为国有保险骨干企业，公司发展农村保险业务，不能仅从自身业务发展的角度考虑，还要站在社会经济发展全局深入思考我们能发挥什么样的功能作用。只有基于这样的定位，才能更好地服务'三农'。"公司努力提高农村保险覆盖面，积极推进面向农民的保障能力建设，为新农村建设做出了积极的贡献。

拓宽服务范围，护航"三农"发展。目前，农网网点已经覆盖40个县的1000多个乡镇街道，中心乡镇及有条件的乡镇已达到全覆盖。公司还与地方政府就农险进行调研，为地方政府提供专业建议，协助完善农险保障计划，积极扩大农村保险服务范围。除拓展温室大棚、种植业保险等传统险种外，公司还在本溪、营口开办农房保险，为4.5万户农房提供风险保障服务。

从早从快理赔，保护农民利益。对于农险的理赔工作，公司格外重视，投入了大量的人力、物力和财力。公司始终以"服务三农"为己任，本着"从早从快开展赔付工作，不惜赔、不乱赔，确保农民利益不受损失和影响"的原则，简化流程、快速查勘、科学定损，全力服务于抗旱救灾工作，使广大农户的损失降到最低。

2009年，辽宁遭受60年一遇的伏旱。公司先后组织2万余人次进行查勘定损，第一时间对受灾农户进行了赔付，累计支出赔款3.42亿元，为灾区群众尽快恢复生产提供了有力支持。

2014年，辽宁再次遭受旱灾。公司承保的1190万亩种植业农田中受灾面积达到778万亩，受灾比例达到65.38%，涉及农户84万户，赔款总支出约4.13亿元，占行业总赔款的41%。

2014年9月2日，公司在沈阳浑南区祝家街道柏叶村举办农险旱灾现场兑现会，如图2-5所示，向受灾农户王新宇支付赔款27万元，他接过赔款激动地说："感谢政府的惠民政策，感谢人保财险为农民减少损失。"

在 2014 年旱灾中，农户王新宇承包的 1500 亩农田绝收，公司接到报案后仅用 10 天时间就完成了从查勘到支付的理赔全流程，是辽宁保险行业向农户支付的第一笔赔款。

图 2-5　辽宁人保支付保险业首笔农险旱灾赔款

公司积极应对和妥善处理多起农险重大赔付，不仅取得了客户信任，树立起优秀企业公民的社会形象，更有力促进了辽宁城乡经济繁荣发展。2009 年和 2014 年的旱灾理赔工作更是获得了国务院副总理汪洋、辽宁省副省长赵化明的批示与高度评价。公司的农险理赔标准经省农委、保监局审核通过后，已经作为行业标准指导旱灾理赔工作。

为切实保证农民利益，曲庆武总经理还向省政府建议建立"全省统一的商业化巨灾保险机制"。辽宁处于"气候脆弱区"，自然灾害频发，虽然保险公司有数百个涉农险种，保险赔款在旱灾、水灾、台风等灾后重建中发挥了重要作用，但由于农村地区参保比例偏低，保险风险管理功能无法得到充分发挥。为此，曲庆武总经理提议，建立"全省统一的商业化巨灾保险机制，由政府引导、财政支持、农民自愿、市场运作"。

公司良好的社会形象、优质的保险服务，得到了社会各界的普遍赞誉。在 2014 年度金融总评榜（辽宁分榜）中，公司不负众望，继摘得 2013 年金融总评榜三项大奖之后，再次获得"年度最受公众信赖保险公司"、"年度最佳服务保险公司"的桂冠,曲庆武总经理更是连续四年荣膺人物榜最高奖项"年度保险风云人物"。

做人民满意的保险公司

"做人民满意的保险公司"是中国人保财险的共同愿景,也是辽宁人保公司的梦想。"做人民满意的保险公司"作为公司的梦想,是公司"人民保险,服务人民"使命的延伸,是公司勇于担当社会责任的庄严承诺。这句话听起来很平淡,但里面包含了很深的情感因素。它表达和寄托了人保人一种博大、包容、大爱的胸怀,一种对于"人民保险"这块金字招牌的敬畏与挚爱,一种对于国家和人民的高度历史责任感。

"做人民满意的保险公司"的梦想引领着辽宁人保公司不断前行,公司致力于实现一流的风险识别和控制能力、一流的服务和销售体系以及一流的运营管理能力。"做人民满意的保险公司"这一梦想的实现靠的是辽宁人保人对一个个微小梦想的不断追求。辽宁人保公司的员工也在为成就自身和公司的梦想而奋斗着,这样的例子可以信手拈来。

朝阳市分公司的一名员工说,"千里之行,始于足下",工作在人保,奋斗在人保,为了家人而打拼,很幸福。只要不断拼搏、进取、创新,相信明天的明星就是我们,而且我们要做一颗恒星,不仅自己发光,还要带动别人共同发光,让人保蔚蓝的天空永远闪烁着灿烂的光辉。

铁岭市分公司的一名员工也说过类似的话,她说,"时间都去哪儿了",每次我听到这首歌时,都有无限的感慨。我的时间都去哪儿了?我的时间留给了公司、留给了家庭,换来了成绩、换来了幸福。我还年轻,还有一腔热血,我愿为了人保的明天、为了家人的幸福去努力打拼无限美好的未来。

服务人民是一块金字招牌,只有懂得一桶粥的付出,才能得到一桶金的收获。一个企业只有将自身发展与服务人民、履行社会责任、促进社会和谐建设以及人民满意紧密联系在一起，才能够获得人民、社会的足够回报和支持，如此才能够走得更快、走得更远。

蜂与哲：

蜜蜂授粉促进农作物的繁茂和生存，保持植物多样性，从这个角度看，蜜蜂服务于植物；蜜蜂为人类提供蜂蜜、蜂王浆、蜂花粉和蜂胶等产品，从这个角度看，蜜蜂服务于人类；蜜蜂及其产品是生态系统环境监测的指示器，从这个角度来看，蜜蜂又服务于环境。总而言之，服务是蜜蜂永远的主题。因为蜜蜂的服务，蜜蜂也活得更长久。企业在追求经济利益的同时也要主动承担社会责任，服务社会，做一个社会企业。一个主动承担责任、服务社会的企业也会得到社会的支持和回报，这样的企业才会发展得更好、活得更久。

第七节　荣誉、责任、梦想

辽宁人保公司作为人保财险总公司的有机组成部分，在很多方面都和总公司保持高度一致，企业文化同样如此。"今天不能给明天挖坑"的方法论、"风雨同行，至爱至诚"的价值观以及"人民保险，服务人民"的经营使命都和总公司保持一致。辽宁人保公司是人保财险总公司的重要一员，企业文化理应与总公司契合，但是辽宁人保公司也有自己的特色和与众不同的地方。

经过几年的努力，2011 年公司已经形成具有鲜明特色的企业文化体系，即四层次文化结构，如图 2-6 所示。

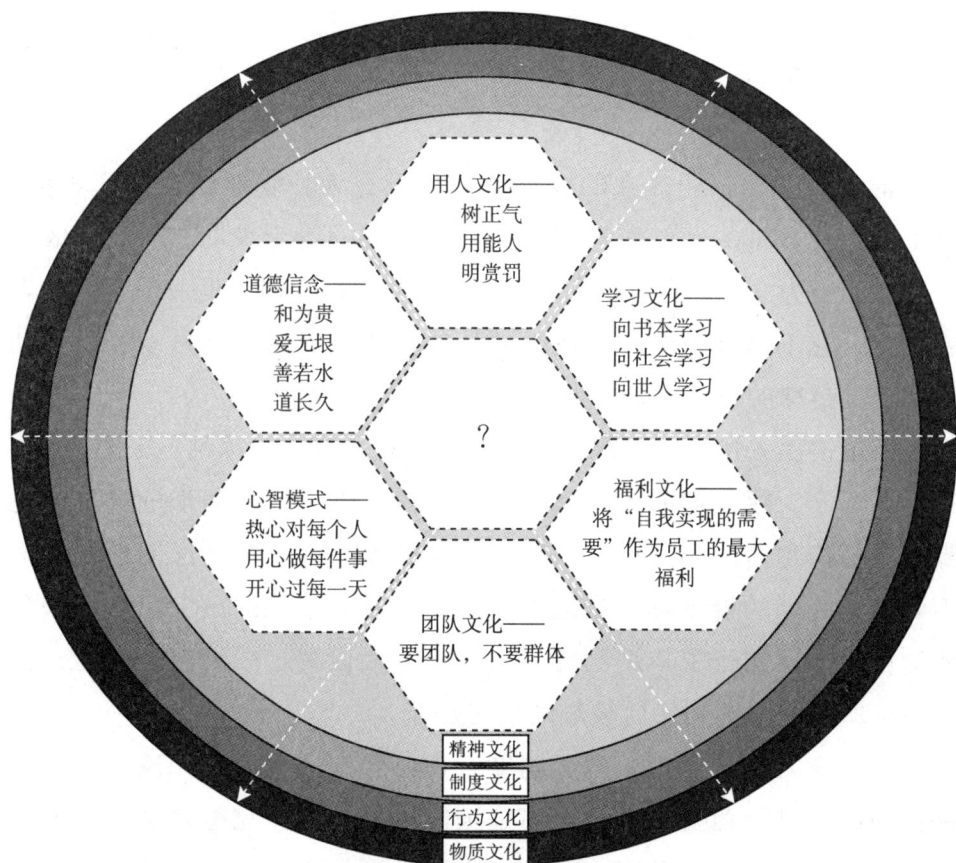

图 2-6 四层次文化结构模型

物质文化

了解一个企业的文化时，总是从它的外观开始的，主要包括办公环境的规划、建筑的风格以及卫生环境等。这就是通常所说的物质文化，它能够在一定程度上体现企业所追求的东西，是精神文化的外在表现，因而它是了解企业文化的出发点。物质文化的建设是以由外而内的方式来达到文化建设的目的的。然而，物质文化仅仅是了解企业文化的起点，而不是最终的归宿和落脚点。

行为文化

企业员工是企业存在的前提，如果没有人，企业就会停止不前。员工在企业日常的经营管理当中会有一系列的行为表现，从而形成一个企业的行为文化。员工的行为是一个企业的"脸"，是一个企业的表层文化，它不是被迫于外部压力的他律行为，而是一种自发的、主动的和自觉自律的行为，是自然流露出来的行为表现。

一位多次去过辽宁人保公司的客户讲过这样一件事情：

在辽宁人保公司的大楼里，我从来没有看到任何吸烟的员工，也没有在任何角落闻到一点儿烟味。奇怪的是，在公司的任何地方都看不到禁止吸烟的警示牌，难道人保公司就没有吸烟的员工吗？后来我才知道，公司实行了禁烟制度，只在十五楼设置了吸烟室。因此，在别的场所根本看不到任何吸烟的员工。

在辽宁人保公司，规则、制度意识已经深入人心，无论是谁，这种行为都不是上司要求的，也不是被制度所迫的，完全是员工个人自觉自愿去遵守的。这种深入人心、出于自愿的言行举止，就是辽宁人保公司的企业文化。

制度文化

制度文化是企业领导者为了能够更明白地向企业其他成员阐述其经营理念和思想，而以书面的形式表现出来的一种文化。制度是一个企业的"手"，在无形中指挥着员工的一言一行，是全体成员共同遵从的行为底线，它是企业文化的中坚和桥梁。对于制度，辽宁人保公司的所有成员都是不折不扣的执行者，这就为形成较深层次的企业文化奠定了良好的基础。

在辽宁人保公司，公司将企业的理念文化固化于制度，在实际的操作和运营上约束员工的一些行为，塑造员工的人生观、价值观、职业观、工作态度和做人做事的方法和习惯。

精神文化

企业文化是一个企业所有成员都认同的，至少是95%以上的成员共同信奉的价值观念和行为准则。单是管理层提倡，或少数人坚守的理念，还不能成为一个公司的企业文化。

曲庆武总经理说："企业文化不是知识的修养，而是人们对知识的态度；不是利润，而是人们对利润的心理期望；不是人际关系，而是人们在人际关系中处世为人的哲学；不是优美舒适的工作环境，而是对工作环境的感情；不是管理活动，而是造成那种管理方式的原因……。"总之，企业文化渗透于辽宁人保公司的一切活动之中，是企业的灵魂所在。

在辽宁人保公司，以下这些理念是它的精神文化：

●用人文化——树正气，用能人，明赏罚。

●学习文化——向书本学习，更要向社会学习，向世人学习。

●福利文化——将"自我实现的需要"作为员工最大的福利。

●团队文化——要团队，不要群体。

●心智模式——热心对每个人，用心做每件事，开心过每一天。

●道德信念——和为贵，爱无垠，善若水，道长久。

然而，虽然公司已经建立了相当完善的企业文化体系，但是这个同心圆并不完美，它缺少一个核心、一个焦点、一个统领，这个问题也一直困扰着曲庆武总经理。每当闲暇之时曲庆武总经理都会思考，企业文化体系的核心理念到底是什么？到底应该用什么作为同心圆的统领？直到2011年4月的一次美国之行，终于让曲庆武总经理找到了答案——"荣誉、责任、梦想"。

2011 年 4 月 24 日，东北大学 EMBA 学员开始了为期 10 天的美国访学活动。代表团一行 21 人先后在哈佛大学、西点军校进行三天的课程学习，曲庆武总经理作为该批 EMBA 学员的一员也参加了这次美国访学活动。当学员们来到美国西点军校进行参观学习时，西点军校的校训"荣誉、责任、国家"给了曲庆武总经理很大的触动，为什么会有如此强的触动？"'荣誉、责任、国家'和公司有很多相通之处，但又不完全相通。长久以来，辽宁人保公司不就是崇尚荣誉，勇担责任，不断成就梦想吗？"曲庆武总经理在心里默想，"'荣誉、责任、梦想'不就是公司的文化核心吗？"

崇尚荣誉是辽宁人保公司做事的态度，为了光荣与荣耀愿意付出更多的努力。2010 年辽宁省委省政府签发的感谢信、2013 年抚顺市委市政府及辽宁省委省政府签发的感谢信、"最佳服务保险公司"、"最受信赖保险公司"以及"省综治委先进成员"称号等都是辽宁人保公司崇尚荣誉的具体体现。辽宁人保公司坚信崇尚荣誉会产生强大的精神动力。荣誉像一支号角，用"关怀、服务"的旋律和"诚信、热心"的号音，召唤着辽宁人保公司向保户提供至爱关爱、至诚服务；坚守着讲诚信、守信用的诺言；积极履行着道德义务。荣誉教会辽宁人保公司什么是光荣，让公司自觉在面临困难时勇往直前，在保户和国家需要时挺身而出。

勇担责任是辽宁人保公司的标签，为了客户、社会和国家主动承担责任。辽宁人保公司坚信没有责任感的员工不是好员工，没有责任感的经理不是合格的经理，没有责任感的企业就不是好企业。辽宁人保公司将"公司利益为第一利益，员工利益为最大利益"作为经营宗旨体现了对员工的责任感，"今天不能为明天挖坑"体现了对总公司的责任感，"风雨同行，至爱至诚"、"笃守诚信，勇担责任"以及"人民保险，服务人民"体现了对客户和社会的责任感。

成就梦想是辽宁人保公司不懈的追求。历史蕴含价值，光荣成就未来，辽宁人保公司以史为鉴，以荣誉铭志，秉承"人民保险，服务人民"的历史使命，致力于实现"做人民满意的保险公司"的伟大梦想。

"荣誉、责任、梦想"作为公司的核心文化，这六个大字被镌刻在公司 16 楼的荣誉室里，如图 2-7 所示，时刻提醒着辽宁人保公司要"崇尚荣誉、勇担责任、成就梦想"。

图 2-7　辽宁人保人倍加珍惜和骄傲的公司荣誉室

"荣誉、责任、梦想"不但成为公司精神的结晶，也成为公司引以为傲的座右铭。"荣誉、责任、梦想"也最终成了公司文化体系的核心、焦点和统领，因此，公司终于形成了完整且独特的企业文化体系，如图 2-8 所示。

蜂与哲：

数以万只的蜜蜂看似散乱无序，实则不然。蜜蜂有着自己的精神追求，如奉献；有着自己的行为模式，如勤劳、合作；还有着严密的制度规则，如蜂王的繁殖制度、工蜂的劳动制度。蜜蜂的精神追求、行为模式以及制度规则构成了蜜蜂团队的文化结构。企业文化结构是文化要素时空顺序链接的整体模式，不同的文化层次相互连接，形成企业文化整体，所以企业应该建立并完善文化结构。

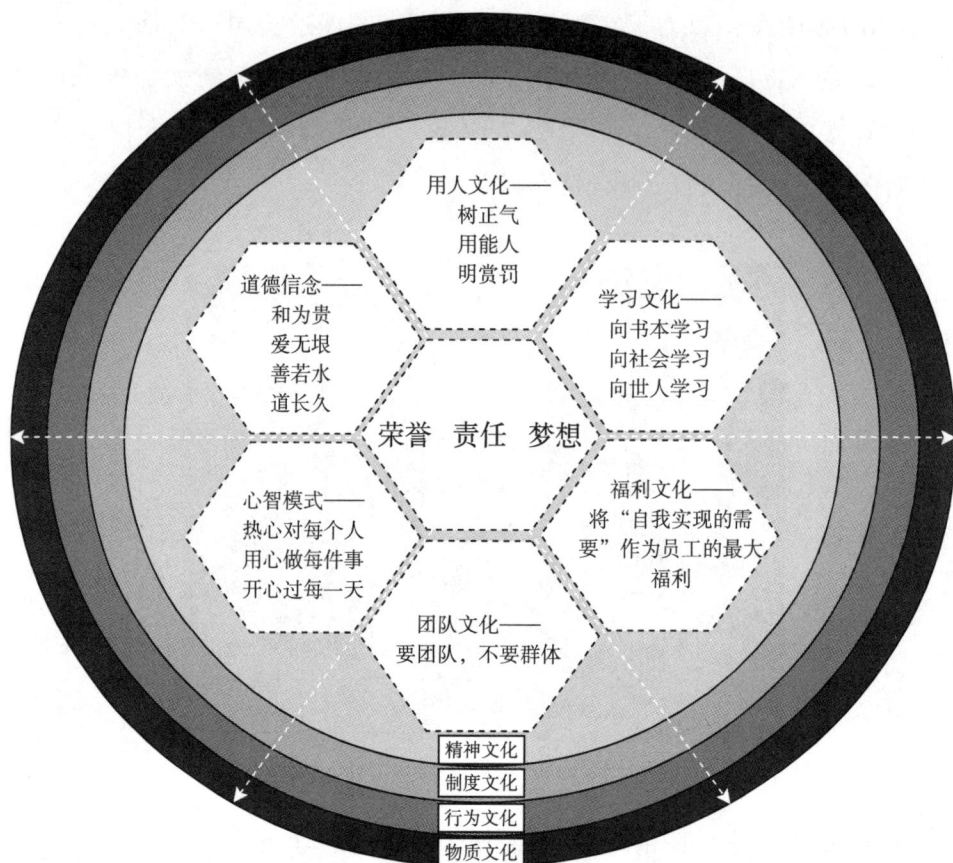

图 2-8　四层次"同心圆"文化结构模型

第三章　领袖

作为公司的一把手，其正确的角色定位是什么。综观中国优秀的企业家，他们都有一个共同的名字——思想的行者。他们既是学习者，又是思考者，更是行动者，如图 3-1 所示。

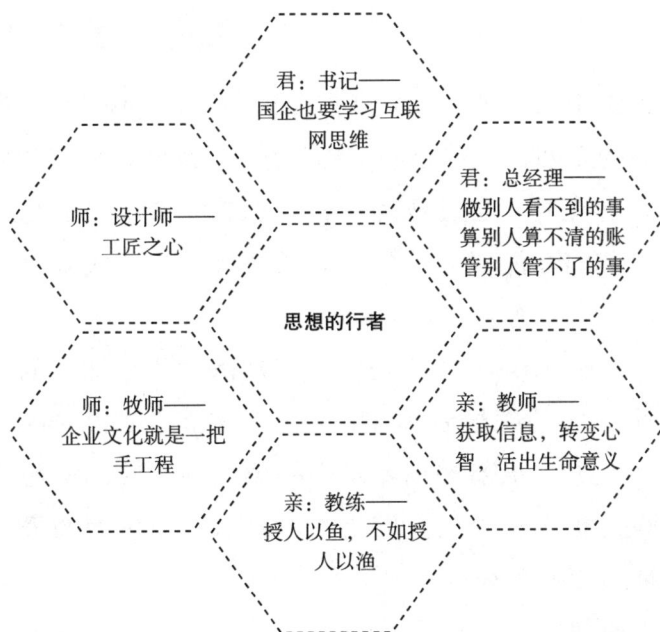

图 3-1　领袖蜂巢

曲庆武总经理在公司有三种定位：

其一，掌门。曲庆武作为公司的党委书记和总经理，掌管着公司的大政，统领着公司的纲纪。互联网时代如何做好一名书记，答案很简单，即具备互联网思维。而总经理的职责就是要做好三件事：做别人看不到的事，算别人算不清的账，管别人管不了的事。其二，亲人。曲庆武总经理像教师教育学生一样对待每一位员工，教会员工获取信息，转变心智，活出生命的意义。他像教练教导学员一样，授人以鱼不如授人以渔。其三，导师。曲庆武总经理是公司的牧师，他将企业文化当作一把手工程，通过文化统领，培育了员工的心灵；他是公司的设计师，用工匠之心设计了公司的组织结构。

第一节　思想的行者

人之伟大源于人有思想。帕斯卡尔说，"人只不过是一根苇草，是自然界最脆弱的东西；但他是一根有思想的苇草"。公司的领导者要想管理好企业，首先要让自己成为一根有思想的苇草，成为一位思想的行者。那么，如何才能成为一位思想的行者呢？曲庆武总经理从三方面做起：学习者、思考者和行动者。

俗话说：足智多谋。21 世纪是知识经济时代，知识的更新速度不断加快。一个公司的领导者不能再固守原有的管理经验和经营模式，必须随时随地充电，更新知识库，做一位名副其实的学习者。不做学习者，就有可能被淘汰出局。因为学习是保持竞争力的最好方式，学习是保持领袖魅力的源泉。

在犹太人眼里，知识和金钱成正比。只有掌握了知识，在经商中才不会走弯路，才会先于别人到达目的地，也才能更快地赚更多的钱。曲庆武总经理也深刻地明白这个道理，因此，他总是不断地给自己充电。每一次出差他都随身携带一本书，只要一有时间就会拿出来翻阅几页。据办公室人员讲，从 2009 年上任到 2015 年初，曲庆武总经理的读书笔记已经有了厚厚的几本。他除了抓紧时间自学，更是努力争取进校学习的机会。他于 2009 年 12 月考取了东北大学的 EMBA，并于 2012 年 1 月顺利毕业。同年，他还荣获第九届《中国市场最具领导力 EMBA》"中国 EMBA 荣誉毕业生"。

市场千变万化，只有不断充电才能保持竞争力。现代优秀领导人的标准不再是简单的会电脑或会外语这几样硬性指标，而是永不知足的学习精神。例如，柳传志特别喜欢读书，常常一本书要读几遍，每周六都要拿出半天时间整理个人思路。张瑞敏的办公室就像一个书房，里面陈列着各种管理方面的书籍；他不仅对中国传统文化的精华《孙子兵法》、《易经》和《道德经》等了如指掌，还经常委托海外工作的同事帮助收集最新的管理书籍，使他能掌握世界最新的管理动向。李嘉诚更创造了一个新的词汇叫"抢学问"，反映了李嘉诚几十年来对知识的不懈追求。

孔子说，"学而不思则罔，思而不学则殆"。这句话包含两层含义：一是做一名学习者，二是做一名思考者。曲庆武总经理注重学习，更注重思考怎样把学到的知识运用于企业经营和管理上。因此，他提出，在打造学习型组织的同时，将学与思合二为一，倡导"8×1"的学习行为组合。

● 精读一本好书。读书有泛读和精读，高尔基说："书本是人类进步的阶梯。"读书具有特殊的重要性和不可取代性。

● 写好一篇心得。对工作和成长最有帮助的书不仅要读，而且要深入思考，更重要的是悟、品和咀嚼。

● 做好一次分享。将工作成果和成长的经验在团队中加以分享。

● 构思一个创意。结合工作和成长中的问题去读书和思考，围绕问题提出自己的想法和创意，对问题有所见解、有所发现和有所创造。

● 确立一根标杆。向他人学习，向先进和典型学习。榜样的力量是无穷的。

● 增加一条渠道。根据自己的需要，拓宽知识和信息来源的渠道。

● 新添一项技能。注重在工作实践和读书学习中总结提高，完成知识向岗位技能的转化。

● 每月一日反思。反思是中国人的传统美德，孔子曰，"吾日三省吾身"。反思是在生活和工作中常有问题的基础上，不断思考、总结和提高。反思应与每月的工作相结合，与本月的总结和下月的计划结合起来，是既有回顾又有前瞻性的思考。

纸上得来终觉浅，绝知此事要躬行。优秀的领袖必须是一位行动者。曲庆武总经理常说，"走出办公室，到市场上去"。他总是率先到市场、到前线，找资源、想办法，问计基层、问计市场，解决实际问题、破解发展难题。他还在全省2012年上半年经营形势分析会上对公司员工说："真正的舞台在楼外不在楼内，楼外的舞台更精彩。"后来，这句话就被大家提炼成了"楼外理论"。"楼"，顾名思义是指办公楼，"楼内"是指办公室，而"楼外"是指市场。也就是说，只有到市场上去，才能发现问题的症结所在，才能解决实际问题，不做纸上谈兵的将军。在公司，上至曲庆武总经理，下至普通员工，都将"楼外理论"作为工作定理铭记于心。

公司将每年的8月和9月定为全省的无会月。在这两个月中，各级领导班子都要走出办公室，去市场上做调查，没有任何特殊情况。曲庆武总经理更是率先垂范，带头到市场、基层和一线去，这一行动一改领导"给我上"的思想，转变成"跟我冲"的实际行动。仅2014年4~8月这四个月的时间里，曲庆武总经理去基层调研的次数就超过20次，如图3-2所示。

习近平总书记曾强调："一些工作包括组织工作中的'老大难'问题之所以长期得不到有效解决，一个重要原因是情况还吃得不透，病根还找得不准，结果工作只能在原地打转转。"如何找准病根，就需要领导者采取行动。"知屋漏者在宇下，知政失者在朝野。""走出办公室"不是走形式、走过场，更不是吃喝玩乐，而是去了解实际情况，找到病根，进而制订出切实可行的解决方案。

图 3-2 曲庆武总经理赶赴阜新，深入田间地头指导旱灾查勘理赔

蜂与哲：

蜜蜂采蜜要纷飞花丛，博采众长，才能酿蜜，并制成蜂蜜。要酿出 500 克蜂蜜，蜜蜂需要来回飞行 3.7 万次，大约 30 万公里，吸吮 3333 朵花蕊。而领袖也是一样，要学蜜蜂采百花，问遍百家成行家。

第二节 国企也要具备互联网思维

知识经济时代的潮流，一个是互联网思维，一个是国企改革。而公司正好站在了这两条主线的交叉点，站在了时代的浪潮之巅。

关于互联网思维的解释众说纷纭，还没有达成统一。百度公司创始人李彦宏在 2011 年的百度峰会上，与传统产业的老板和企业家探讨发展问题时，首次提到"互联网思维"这个词。他说，我们这些企业家们今后要有互联网思维，可能你做的事情不是互联网，但你的思维方式要逐渐以互联网的方式去想问题。因此，曲庆武总经理认为：

"国企也要具备互联网思维。作为新时代的党委书记，更应该以互联网思维去思考问题。"

在众多互联网思维中，用户思维是核心，因为其他思维都是围绕用户思维在不同层面的展开。没有用户思维，也就谈不上其他思维。用户思维是指"以用户为中心"考虑问题的思考方式。作为一家保险公司，卖保险也就是卖服务。因此，必须要以"客户永远是我们最重要的人"为原则。公司始终坚持"以市场为导向，以客户为中心"的经营理念，要求员工的服务始于客户所需，终于客户满意，全力将公司的服务做到极致。

曲庆武书记的客户思维可以概括为 What—How—Why 模型。What——以客户为中心；How——服务始于客户所需，终于客户满意；Why——客户永远是我们最重要的人。所以，只有赢得客户的满意才能赢得保险市场。正如《建国大业》里面"毛泽东"所说："地在人失，人地皆失；地失人在，人地皆得。"

这是一个互联网时代，如果一个企业不具备互联网思维必定会被淘汰。"要以互联网思维培育互联文化，适应市场发展趋势，从互联网中获取财富"，曲庆武总经理在 2015 年全省系统电子商务视频会议上如是说。

2015 年 1 月 9 日，公司召开全省系统电商视频会议。曲庆武书记说："通过互联网思维和技术手段，实现商业模式升级，为客户提供更便捷和贴心的服务，从而使更广阔的商机触手可得。"

曲庆武总经理提出要从三方面培育互联网思维：一是正确领会"谁能预测未来，谁就能主宰未来"的真正含义，把握电子商务发展趋势；二是以互联网思维培育移动互联文化，培育具有超前思维、移动互联思维的员工队伍；三是从客户服务入手，通过培养互联网保险消费习惯，为客户解决问题。

习近平总书记在 2012 年 12 月 7 日参观腾讯公司时曾说："现在人类已经进入互联网时代这样一个历史阶段，这是一个世界潮流。"互联网思维是当前每个企业都必须具备的一种思维，否则，你的同行一旦掌握了互联网思维，他将会淘汰你。王石说："淘汰你的不是互联网，而是你不接受互联网。是你不把互联网当成工具跟你的行业结合起来。最终淘汰你的还是你的同行，他们接受了互联网，把互联网跟自己做的事情结合起来，淘汰了你。"所以，在互联网思维面前，保险公司不应该只做一名看客，而是要主动接受它、拥抱它。

蜂与哲：

约 1200 万年前，由于气候渐冷，蜜蜂的进化迈出了关键性的一步，主动进行对气候环境的积极调控，而不是通过被动休眠来抵御低温的威胁，从而产生了一个完善的温度自动调节能力。因此，站在互联网时代的浪潮之巅，中国企业要主动学习互联网思维。

第三节　做别人看不到的事，算别人算不清的账，管别人管不了的事

曲庆武总经理在"5·12"会议上说："一个合格的总经理要重点做好三件事：做别人看不到的事，算别人算不清的账，管别人管不了的事。"这一番话和冯仑所说的三件事有异曲同工之妙。

冯仑说：董事长要做的最重要的三件事情，就是看别人看不见的地方、算别人算不清的账和做别人不做的事。

你永远要看别人看不见的地方，包括风险、机会和很多未知的变化趋势。哪些属于算不清的账呢？算现在和未来，算是非善恶。在董事长的工作中，还必须做别人不做的事，包括履行企业公民职责、救灾和环保等。

曲庆武总经理和冯仑，一个是国企的总经理，一个是万通的董事

长，他们有一个共同之处，即都是公司的一把手，他们身上都肩负着一个公司的兴衰荣辱。那么，曲庆武总经理所做的"三不"具体指什么？

做别人看不到的事就是总经理必须要具备前瞻性的战略思维，要在别人还没准备拔刀之前，剑就已出鞘。通常，别人能看到的事情，绝大多数人都已经看到了。所以，作为公司的一把手，就应该做别人看不到的事。这是一个"快鱼吃慢鱼"的社会，如果一个公司总是做别人已经看到的事情，那就有可能是自己"生出了蛋，却被其他公司孵化"。

曲庆武总经理 2009 年刚上任时就致力于将公司打造成学习型组织，而那时很多国企才刚刚开始重视员工的培训和学习。

曲庆武总经理在 2009 年就已经预测到电网销业务是行业未来的发展趋势，并战略性地提出"谁能够预测未来，谁就能够主宰未来"的指导思想，而那时国内很多保险公司才刚刚意识到电网销发展的重要意义。

韩非子讲："智者察于未萌，愚者黯于成事。"谁先看到了这些东西，谁就是领导者；不能先看到，就只能做一个跟随者；看错了，或看反了，就是失败者。

看见了别人看不见的地方，就要做决策，这就牵扯到了算不清的账。因为做决策等于投资未来，而很多人只要现在。曲庆武总经理说："算别人算不清的账，就是算大账、未来账、长远账，要研究公司的人力成本、潜能开发和跑冒滴漏等工作。"另外，算别人算不清的账也要注意一些细节问题，更要算一些隐藏在背后的账，也就是说，总经理算账的时候必须要做到精细化。

别人管不了的事包括哪些？曲庆武总经理说："小到劳动纪律，大到违法违规。"要管别人管不了的事，就必须要有一定的气魄和勇气，要敢为别人所不敢为。特别是在反腐败和违法违纪行为上，他要求全体成员做到"不想腐、不能腐和不敢腐"。

"不想腐、不能腐和不敢腐"是要转变员工的观念，从根本上杜绝员工滋生贪污腐败的思想。因此，公司经常对员工进行反腐倡廉的教育。

2012年10月23日，公司纪委举办了系统反腐倡廉专题视频讲座，公司纪委书记、副总经理李跃民同志做了题为《筑牢思想道德底线，坚持清正廉洁从业》的专题讲座。

2014年5月30日，省公司、沈阳市分公司、省公司营业部等主要领导共计120余人现场参观辽宁省反腐倡廉展览馆。

公司的治理和发展是一个漫长的过程，总经理必须要在其位，谋其政。总经理要有前瞻性的战略眼光、精细化的战略思想和果断勇敢的战略气魄，"做别人看不到的事，算别人算不清的账，管别人管不了的事"。

蜂与哲：

每个蜜蜂种群都有一个核心，那就是蜂王。蜂王一生只做一件事，肩负着种族繁衍的大任——产卵。在春季繁殖高峰时，一只蜂王每天会产卵约2000多个。每个企业也有一个核心人物，就是总经理。总经理也应该学习蜜蜂，在其位，谋其政，把自己该做的事做到极致。例如，可以学习管理者只做三件事：做别人看不到的事，算别人算不清的账，管别人管不了的事。

第四节　获取信息，转变心智，活出生命意义

盘点中国当今的企业家，很多佼佼者都是教师出身，如阿里巴巴的马云、新东方的俞敏洪、东软的刘积仁、万通的冯仑和苏宁的孙为民等。这些教师出身的企业家都有一个共同的名字——教师企业家。

无论是在教育界还是在商界，他们都用自己的力量去教化与影响身边的人和社会，让员工获取信息，转变心智，活出生命的意义。

曲庆武总经理1984年毕业于辽宁省商业专科学校，毕业后留在辽宁营口商业学校担任会计学教师。在任教时，讲台上的曲庆武总经理总是充满了激情，总能让学生热情高涨，并顺着他的方向思考问题。1988年他放弃了每日与黑板和粉笔为伴的日子，加入了中国人民保险公司营口市分公司，于2009年4月22日被任命为辽宁公司党委书记、总经理。

曲庆武总经理有两个特点：第一，他是一个能说会道的管理者，而且他说的话总是能让员工信服，并朝着他所期望的方向努力和奋斗。冯仑曾经当着记者的面说："做生意的人都特别能'说'，而且你会发现，尤其是创业者，他们会就一件事情不停地说，说过之后，当着你的面还可以重新讲给别人听，一点心理障碍都没有。要没有心理障碍地对某一件事情反复地讲，讲到最后连你自己都相信了，然后你才能让别人相信。我原来当过老师，老师就是在不停地讲一些重复的内容。"所以，教师出身的企业家都善于说教和引导别人。第二，他非常重视组织的学习能力。他常引用王银成总裁的话，"一个单位搞得好，不外乎一是学习能力，二是执行力"。所以一上任就致力于将公司打造成学习型组织。无论是能说，还是重视学习，想必这都与他的教师背景分不开，尤其是与他的教学经历有很大的关联。

很多领导者都提出要打造学习型组织，但最终没有成功。天天对手下的员工喊口号，自己却不去落实，怎么可能成功。曲庆武总经理说："创建学习型组织是一把手工程，公司总经理是创建学习型组织的第一引擎，是公司学习运行机制的首要推动者。"因此，曲庆武总经理通过言传身教，经常带头开展各地市一把手和中层干部的培训班，亲自授课，用自己学到的知识去感染和教育员工。

2014年5月16日，公司举办机关中层团队学习实验室暨德鲁克管理研讨培训，曲庆武总经理担任教师，用亲身经历和实践指导机关中层干部如何做卓有成效的管理者，如图 3-3 所示。授课围绕德鲁克的《卓有成效的管理者》一书展开，就德鲁克管理思想在机关中层工作中如何运用进行了深入阐述。曲庆武总经理与学员进行平等的沟通，引导学员：一是树立了信心，卓有成效的管理者是可以学会的；二是解决了困惑，如何"管理上司"；三是强化了责任，我能贡献什么；四是告诉大家"做正确的事"和"要事第一"是中层干部最应该做到的；五是分享学习之道，学习无处不在。

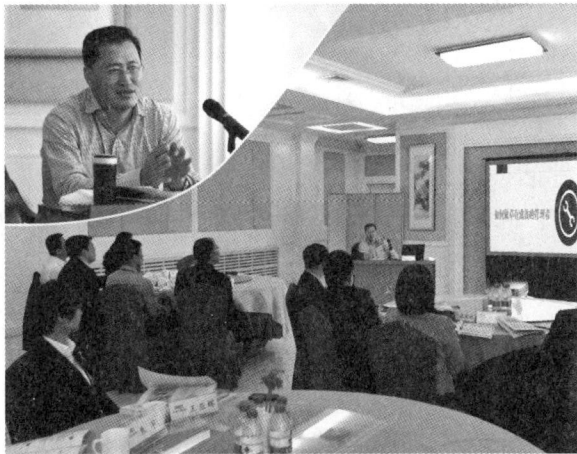

图 3-3　曲庆武总经理在省公司中层管理者学习实验室培训班上执掌教鞭，分享如何做卓有成效的管理者

回顾曲庆武总经理的足迹，也许当时弃笔从商是一次明智的选择，他从教师队伍中走出来，华丽转身铸就今日在辽宁保险行业的辉煌成绩。出于最初教师职业的特性，这位"半路出家"的管理者在商海浮沉的过程中，形成了独具一格的做派：他没有深厚的政治背景，也没有广阔的商业人脉，只有深厚的知识储备和长远眼光，且更注重用自身知识去影响企业和社会。担任人民教师时，他为祖国培育人才；作为企业教师，他培育出优秀的员工和企业，使得员工在不断学习中成长，使得企业成为最具生命力、战斗力、凝聚力和学习力的组织。

蜂与哲：

"保姆蜂"是蜜蜂巢中培育幼虫的青年工蜂。工蜂头部的乳腺开始发育，它们就变成保姆。先是照料稍大的幼虫，能够分泌蜂王浆后就照料小一点的幼虫，一直到幼虫化蛹以前始终饲喂蜂王浆。企业家就如同一只"保姆蜂"，培育着公司的每一位员工。

第五节　授人以鱼，不如授人以渔

中国有句古话叫："授人以鱼，不如授人以渔。"曲庆武总经理经常说："告诉员工怎么解决这个问题，不如培养他解决问题的能力。"可以看出，曲庆武总经理的管理方式，是一名典型的企业教练。

关于企业教练，杰克·韦尔奇说："我只想做一名企业教练。"2004年，"杰克·韦尔奇中国行"中，他在与中国企业家进行对话时，曾坦言，"伟大的领导人，是最伟大的教练"。他将自己一半的时间花在人事上，他自认为最大的成就是关心和培养人才。在他的直接教导下，通用电气不仅培养出了自己精锐的经理人队伍，还培养了170多位财富500强的CEO。不只是韦尔奇在这样做，台湾IT界"教父"施振荣也是企业教练的代表。作为国内创业型企业家的代表，柳传志也是一名企业教练，他"建班子"和"带队伍"的很大部分内容都是和企业教练相关联的。

教练（Coaching）源于体育，即帮助他人提高技能，制定重大赛事的行动战略。后来教练作为一种管理技术从体育领域应用到企业管理领域，企业教练应运而生。企业教练通过一系列有方向性、有策略性的管理过程，完善员工的心智模式，向内挖掘潜能，向外发现可能性，从而提升企业效益。与传统的管理方式相比，企业教练强调以人为本，着重于激发员工的潜能，发挥积极性，寻找员工的最佳工作方式，从而有效快捷地达到目标。

那么，如何做好一名企业教练？

做一名企业教练，首先要教。所以，要扮演好这一角色，就要在企业做好一名教师，要懂得如何教员工。曲庆武总经理用了很多方法教员工，上面提到的亲自授课只是一部分，他还经常举办知识讲座和组织文化沙龙。同时，为了鼓励员工多读书、读好书和善读书，他也会赠书给员工。

2015年1月12日，曲庆武总经理与办公室人员谈心，围绕着学习，他讲述了自己学生时代艰苦的学习条件：无窗的教室，冬季冰凉的石桌石椅，在向阳山坡仍坚持学习，勉励大家珍惜现在的工作与学习条件。他说，"现在做未来的事叫前卫，未来做现在的事叫落后"。现在抓紧时间学习就是在做未来的事。会后，他还向办公室成员赠送了亲笔签名的《微信思维》一书，鼓励大家用互联思维看待各项工作。

其次，一名好的企业教练还要懂得如何提问，通过提问启发员工的心智模式，从而得到问题的解决方案，就是"用问题解决问题"。2009年绩效改革的时候，曲庆武总经理为了解决国企长期懒懒散散的弊病，向全体员工抛出了一个问题，即"吃子孙饭，还是要为子孙造福"，经过一轮热烈的大讨论之后，最终大家的思想观念得以逐渐转变。所以，做一名企业教练需要掌握提问这一门艺术，因为它是激发员工主动思考的重要手段。

再次，企业教练的另一个重要职责是设定激发员工能动性的目标。目标管理是企业教练普遍运用的一种方式，很多成功的领导者都深谙此道。曲庆武总经理将绩效考核与目标管理结合起来，对员工士气起到了很大的促进作用。

在公司，员工每年年初都要向人力资源部门上交一份业绩合同，如果业绩合同符合人力资源规划的要求，就要求双方在上面签字，一旦签字，该合同就生效，公司会提供尽可能多的资源帮助员工实现目标，当然，员工也要保质保量完成合同上的目标，公司做到奖惩分明。在签订合同的时候，如果人力资源部门或员工有一方对目标的定位不一致，双方就要坐下来沟通和协商，直到达成统一的意见。公司认为，不管什么样的绩效考核方式，调动员工的积极性、主动性和创造性才是最终的目的，而不是强迫员工按照上级的意思循规蹈矩地办事。

最后，企业教练的最终目的是要激发员工的潜力，突破自我，使其可以取得卓有成效的成绩。因此，公司将员工潜力的激发与实际的工作技能培训合二为一，建立了"传帮带"的一对一导师制。

公司的导师辅导期分为两个阶段：第一阶段是在新员工岗前培训期间，负责新员工的专项技能培训；第二阶段是在新员工上岗初期的一段时间内（称指导期），负责对新员工答疑解惑及提供技术支持，原则上理赔类指导期不少于三个月，出单类不少于两个月。

在世界 500 强公司中，导师制已经成为企业实施教练式管理的主要形式。大多数 500 强公司视导师制为重要的员工发展方法，如华为的"全员导师制"。在与导师建立关系时，员工寻求的是一个能够征询意见、获得帮助和取得职业生涯建议的途径。

企业教练要会四件事：一会教，二会提问，三会设定激励员工的目标，四会激发员工的潜力。企业教练是把员工"不得不做"的事情变成"想做"的事情，让员工主动承担责任，充分发挥每一位员工的潜能，从而达到中国道家所倡导的无为而治的境界。

蜂与哲：

蜂王是蜜蜂家庭的精神领袖，而工蜂却是蜜蜂王国的真正主宰，所有工作几乎都是由工蜂承担。所以，每一只蜜蜂都要努力"学会"各种技能，包括清理蜂巢、哺育幼虫、伺候蜂王、采集花粉、酿造蜂蜜、采集蜂胶、分泌蜂王浆、组建蜂巢以及抵御外敌和守卫家园等。也许有人说，这是蜜蜂的本能，但作为人类，要想有"蜂蜜"吃，就需要学会采花酿蜜的本领。

第六节　企业文化就是一把手工程

曲庆武总经理在"5·12"会议上提出，"公司一把手要成为企业文化建设的带头人和楷模，企业文化就是一把手工程"。

感觉很务虚的企业文化，为什么是一把手工程？

原因是，公司的"一把手"在企业文化建设的过程中充当着牧师这一角色，主要起到两个作用：一是布道，二是楷模。

曲庆武总经理是一个善于布道的人，他总能将自己对企业战略、运营和管理方面的想法形成系统，并且积极与员工分享，让所有员工知道企业发展的方向和目标，明白什么时候该做什么，不该做什么。

2011 年 1 月 26 日，公司召开了全省保险会议。曲庆武总经理在会上提到，企业文化是现代企业之魂，具有导向、激励和凝聚作用。我们要以文化统领企业、武装头脑。企业文化是现代企业之魂，只有以文化管理的企业，才能形成员工的自觉行为，才能经受住企业领导人的更替，才能永续经营长盛不衰。

成功的企业家都有一个共同的特点：善于布道。在中国，马云、柳传志、张瑞敏和宁高宁等顶尖的企业家既是经营者，又是牧师型企业家。他们深深地知道：只办事不传教，其事业必然难以持久，只有以道驭之，天下事才能无所不可。

同样，正是由于曲庆武总经理善于并坚持布道，"荣誉、责任、梦想"的企业文化才能在公司广泛传播和落地。

牧师型企业家的始祖应该是杰克·韦尔奇。他对自己的定位是牧师，所以，他花很多时间去给中高层管理者包括一线人员传递企业文化理念。在 GE 学院，每年他要讲 80 天课，唯一的一次没去讲，是因为得了肝病。除了在内部讲课，他还出版了被全球经理人奉为"CEO的圣经"的《杰克·韦尔奇自传》，他还积极参与各种演讲，形成了一个立体的"布道"体系。

这个体系就是指公司的企业文化。

一把手还是企业文化建设的楷模。也就是说，一把手要作为企业文化建设的第一维护人，以身作则带动企业文化的建设和传承。曲庆武总经理说："说破嗓子不如干出样子。凡要求员工做到的，自己首先身体力行，为人表率。要树正气，对违规违纪者要及时按照制定的制度处理到位，使心存侥幸者受到震慑；对忠于工作和贡献突出的榜样要大力宣传，甚至重奖，让员工切实感到领导干部维护先进理念文化的决心，巩固文化成果，振奋士气。"

企业文化建设的一种重要方式就是言传身教，是通过"一把手"的言谈及行为阐释公司的企业文化。也就是说，一把手的行为在文化塑造中能够起到立竿见影的效果。

2009年公司开始推行职业装制度，所有人员，上至一把手，下至普通员工，上班期间必须着正装。刚开始推行的时候，一些中层领导不为所动，以为公司这项制度不过是对普通员工有效罢了，仍旧着便装上班。哪知，在制度颁发后的第一天早上，曲庆武总经理就以一身正装走进公司。他说："如果领导层自己都不按照制度规定的执行，如何要求员工执行呢？"因此，在曲庆武总经理的影响下，这项制度很快得到了有效的贯彻和执行。

企业文化是"一把手"工程，就是说，企业文化必须是企业的一把手亲自抓。许多企业都设立了文化建设委员会，但如果一把手不亲自抓，那就必然流于形式，形不成气候。公司的文化建设，一是曲庆武总经理向全体员工布道，统一全员的思想；二是作为楷模，言传身教。公司的"一把手"只有做到这两条，才能真正使企业文化得以传播和落地。

蜂与哲：

蜂王会分泌一种激素，叫"母蜂物质"。"母蜂物质"在工蜂当中的传递，使它们能够知道本群的蜂王是否存在。如果蜂王不在，经过几十分钟，工蜂便显得焦急不安，蜂群内的工作秩序就会受到严重影响。现在将企业生活和蜜蜂生活大致对照一下，或许可以说，蜂王相当于公司的一把手，蜂群里的"母蜂物质"相当于企业文化这一深层次方面的内容，它承担着约束和凝聚人心的功能。

第七节　工匠之心

人不能孤独地活着，之所以有作品，是为了沟通。透过作品去告诉人家：心里的想法，眼中看世界的样子，所在意的，所珍惜的。所以，作品就是自己。所有精工制作的物件最珍贵，不能替代的就只有一个字——"人"。人有情怀、有信念、有态度。所以，没有理所当然，就是要在各种变数可能之中，仍然做到最好。

世界再吵杂，匠人的内心绝对必须是安静安定的。面对大自然赠予的素材，我得先成就它，它才有可能成就我。我知道，手艺人往往意味着固执、缓慢、少量、劳作，但是这些背后所隐含的是：专注、技艺、对完美的追求。所以，我们宁愿这样，也必须这样，也一直这样。为什么？我们要保留我们最珍贵的，最引以为傲的。一辈子，总是还得让一些善意执念推着往前，我们因此能愿意去听从内心的安排。专注做点东西，至少对得起光阴岁月，其他的就留给时间去说吧。

——李宗盛

2014年，工匠之心经由音乐教父李宗盛的演绎，感染了无数独具匠心的企业家，工匠精神也备受推崇。在中国的企业家中，有这样一批"匠人"执着于自己的"工艺"设计，积极向世人传递着匠人这种专注、技艺和对完美的追求精神。对于公司来说，曲庆武总经理就是这样一种"匠人"，组织结构就是他所设计的作品，他专注于设计出一个与公司战略和环境相匹配的组织结构。

公司组织结构是战略与环境之间客观存在的一组复杂的匹配关系，如图 3-4 所示。其一，环境决定着公司的组织结构，组织结构应该服从不断变化的内外部环境。组织在环境中的存亡与生物的适者生存规律一样，环境会选择性地淘汰一些组织。组织结构必须与环境匹配，否则这个组织就会被淘汰出局。其二，公司作为一个开放的系统，其战略选择会受到内外部环境变化的影响。其三，组织结构服务于战略，公司战略的改变会导致企业组织结构的改变。由此可见，一个公司的总经理就如同设计师，通过设计组织结构以实现环境、战略和组织结构三者的相互匹配。

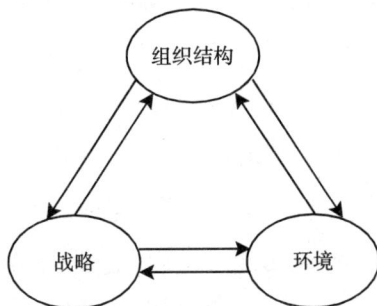

图 3-4　战略、组织结构和环境之间的关系

组织结构是企业管理运营的基础，对于公司的发展与生存起着至关重要的作用。公司作为一个省级分公司，拥有正式在编员工 2000 多人，规模并不是很大，并不需要过于复杂的组织结构。2010 年，公司设计了简单的直线职能型组织结构。虽然公司的组织结构是基本的直线职能型组织结构，但又与一般的组织结构不同。第一，公司设置了总经理室，总经理室共有 7 名成员。在当今环境高度不确定性的情况下，总经理室可以灵活地对市场变化做出迅速反应。第二，公司的组

织结构层级较少，属于扁平化的组织结构。公司扁平化的组织结构为促进公司的发展提供了很多帮助。层级少，信息传递速度快，省公司的信息能够很快地传递到地市分公司和县支分公司，更不用说省本部的各个职能部门了，并且较快的信息传递速度提高了信息传递的准确性。灵活且敏捷的组织结构不仅确保公司各部门之间的配合和交流更加方便，最重要的是，公司扁平化的管理模式让干部员工获得了更多的授权，更好地激发了干部员工的工作积极性。

曲庆武总经理自 2009 年 4 月上任至 2015 年，在这六年中，企业的组织结构历经两次变革，其根本点在于不断适应企业的经营战略、市场环境与政策环境的变化和互联网革命。

2012 年，公司对原有的组织结构进行了局部调整：

为加强销售能力建设，构筑渠道竞争优势，提升公司核心竞争力，公司新增了电子商务部/网络保险部。

为加强服务能力建设，推进服务制胜战略，构造服务竞争优势，公司新增了重要客户部。

为加强盈利能力建设，完善集约化管理平台，持续提升管控水平，公司新增了精算部、财务共享服务中心、车险核保中心和核损核赔中心。

为服务社会主义新农村，公司新增了三农保险部。

2014 年，公司又对组织结构进行了细微的调整，新增了市场企划部、车商业务部和银行/经纪代理业务部，并将电子商务部/网络保险部更名为电子商务部，如图 3-5 所示。

蜂与哲：

蜜蜂被人们称为"天才设计师"，它们建筑的蜂房是严格的六角柱状体。蜂房的垂直平面结构都是正六边形组合，即由一个六边形蜜蜂巢房单元与六个巢房紧密相连排列组合而成。蜂巢组织六边形垂直平面结构几乎可以无限地生成扩大，而且是可以根据外部环境条件向任何方向生成扩展，即以某一个六边形蜂房单元为中心，按照同心圆扩展模式向外扩大。同样如此，企业设计的组织结构也要随着环境的变化做出相应的调整。

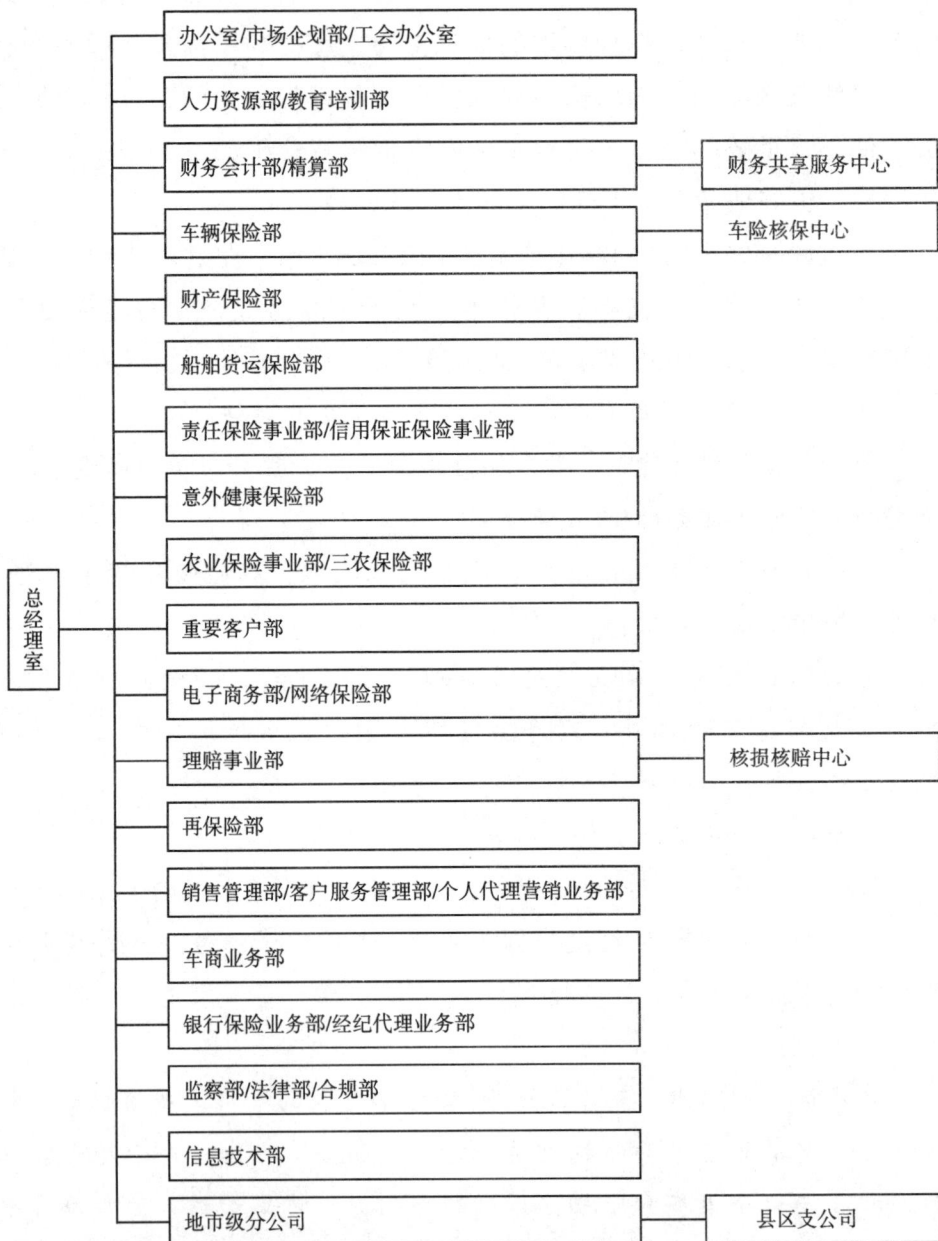

总经理室	办公室/市场企划部/工会办公室	
	人力资源部/教育培训部	
	财务会计部/精算部	财务共享服务中心
	车辆保险部	车险核保中心
	财产保险部	
	船舶货运保险部	
	责任保险事业部/信用保证保险事业部	
	意外健康保险部	
	农业保险事业部/三农保险部	
	重要客户部	
	电子商务部/网络保险部	
	理赔事业部	核损核赔中心
	再保险部	
	销售管理部/客户服务管理部/个人代理营销业务部	
	车商业务部	
	银行保险业务部/经纪代理业务部	
	监察部/法律部/合规部	
	信息技术部	
	地市级分公司	县区支公司

图 3-5　2014 年组织结构

第四章　团队

团队能够最大限度发挥每个人的能力和潜能，产生绝非"1+1=2"的简单加法效应，而是永恒的巨大威力。公司从团队类型、目标、信任、合作、沟通、谈判和支持七个方面建设自己的优秀团队，如图4-1所示。

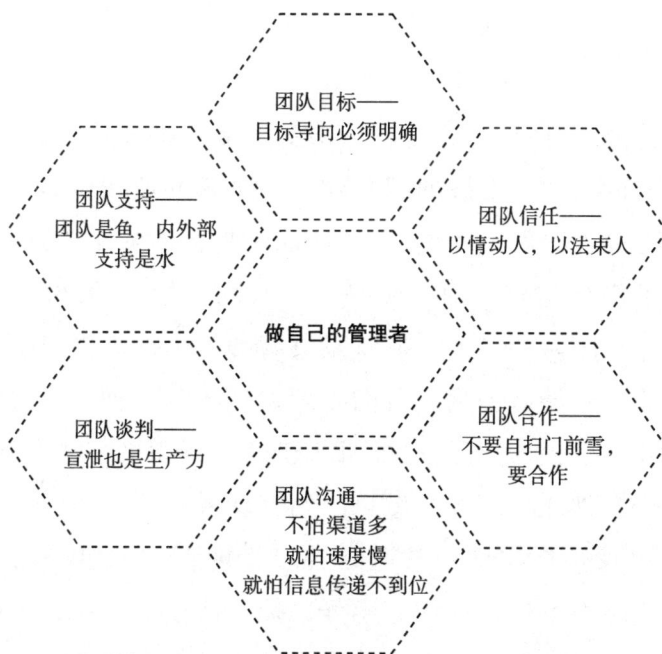

团队目标——
目标导向必须明确

团队支持——
团队是鱼，内外部
支持是水

团队信任——
以情动人，以法束人

做自己的管理者

团队谈判——
宣泄也是生产力

团队合作——
不要自扫门前雪，
要合作

团队沟通——
不怕渠道多
就怕速度慢
就怕信息传递不到位

图4-1　团队蜂巢

首先，公司希望建立自我管理型团队，因为最好的管理就是自我管理。其次，公司在成立团队之初就为其设定明确目标，目标是团队的灯塔，引导团队不断前进。再次，公司重视培养团队信任，因为成员有了信任，才会合作，有了合作，目标才会实现，而合作离不开成员的沟通和信息的传递，为此公司构建多而快的沟通渠道。当然，成员之间肯定会出现矛盾或摩擦，这就要求公司建立情感宣泄机制，及时疏导，化解矛盾。最后，公司还为团队提供足够的内外部支持。

因为公司确立了团队类型，明确了团队目标，培养了团队信任和合作，建立了团队沟通渠道和情感宣泄机制，并给予团队足够的支持，所以团队才得以成功。

第一节　做自己的管理者

宁高宁曾说，"团队像人一样，应该不断地进步成长，是一个生命体"。刘积仁曾说，"一个好的团队就是一个好的造钱机器"。曲庆武总经理对团队也有一段经典的论述，"团队和群体有着本质区别，群体只是男女老少的简单组合，而团队是为了共同目标、精诚团结、密切协作的战斗集体，团队的最大特征就是具有战斗力，即使只剩下一个人，依然能坚持战斗到最后一刻，我们必须强调团队精神"（群体和团队的区别，见图 4-2）。公司不但重视团队建设，还积极打造自我管理型团队，让每一个人都成为领导，做自己的管理者。

先前公司领导在调研中常遇到各级管理者的抱怨、无奈与困惑，如"现有员工能力不行，责任心不强，抽一鞭子走一步，一眼看不到、说不到就偷懒出错。员工的口头禅是'这不关我的事'、'责任不在我'"。如何解决以上问题就成为公司面临的一个难题。

长期以来，公司的各级管理者都喜欢自主决策，然后让员工执行，

工作群体　　　　　　　　　　　　　　　　　工作团队

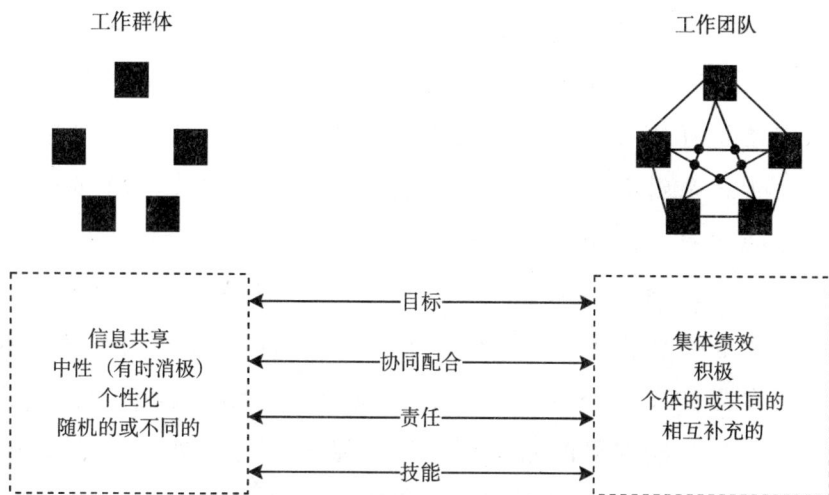

信息共享 中性（有时消极） 个性化 随机的或不同的	←目标→ ←协同配合→ ←责任→ ←技能→	集体绩效 积极 个体的或共同的 相互补充的

图 4-2　工作群体与工作团队的区别

员工基本上没有表达意见的权利，员工也已经习惯被指挥、被管理，缺乏自我管理的意识。再加上公司以知识型员工为主，大约有六成左右的员工都是大专学历及以上，有五成以上的员工是本科学历及以上，这些知识型员工难以忍受简单重复而又单调乏味的工作，希望能从事工作内容丰富，具有挑战性、成就感的工作，从而满足最高层次的自我实现的需要。因此，具有高度的自主权、较高的挑战性和成就感的自我管理型团队管理模式成为公司的不二选择。

公司的自我管理型团队建设从培养团队成员的自我管理开始。一方面，公司开展自我管理的相关培训，请培训讲师向员工讲解《自我管理》，让员工学会如何自我负责、自我领导和自我学习，同时学会如何应对压力，做好心态管理。另一方面，潜意识地培养员工的自我管理。

2014 年 3 月 4 日，在省公司接待室正式开放时，曲庆武总经理特意强调接待室要实行自助服务、无人看管模式。员工根据相关商品价格自行购买、自行付钱。该模式实行一年来，账务没有出现任何的差错，自助服务模式取得了成功。曲庆武总经理说："越是没有人管理的地方，越是要自我约束，如此才可以获得自我管理能力。"

2011年7月1日，改扩建后的职工之家投入使用，职工之家设有图书阅览区。图书阅览区为员工提供了充实自我的小环境，在这里员工可以阅读想看的书籍，工会也会定期更新藏书。实际上，为员工提供阅读场所只是图书阅览区众多功能中的一个，它还有培养员工自我管理能力的作用。因为图书阅览区的书籍借阅同接待室一样也实行自助式服务，员工自己借书，自己归还，无人服务。几年时间过去了，阅览室的书籍破旧了许多，也更新了许多，但就是没有丢失过一本。

公司在当初建立企业文化时，也有意识地培养员工的自我管理。公司从最简单、最容易的事情做起，从基础做起，如此来建设企业文化。通过改善公司机关环境，设立贵宾室和客户接待室，组建职工之家，开展机关月度优秀员工评选活动；通过加强全省系统服务窗口建设，实现全省窗口人员统一着装，统一文明用语，逐步使员工感觉到公司发生的变化，并通过这种由表及里的变化，逐步引申到经营管理各个方面，转变成员工的自觉行动。

在企业中广泛推行自我管理型团队，让每个员工管理自己，做自己的管理者，可以增强员工自我管理的能力，进而提高员工的积极性和满意度，因为自我管理给了员工充分的自由和尊重。自我管理的团队模式在实践中也取得了良好的效果。原来美国最大的金融和保险机构路德教友互动会，在四年的时间中减员15%，而业务量却增加了50%，主要的原因是推行了自我管理型团队，让员工做自己的管理者，并使员工满意度得到大幅度提升。这些都充分证明了建立自我管理型团队的重要性。管理不是上级主管下级，它更重要的体现在自我管理，即管理者的主要任务应该是调动员工的自我责任感和主人翁意识，只有当员工懂得自己管理自己，管理者的管理工作才是富有成效的。

蜂与哲：

蜜蜂自觉，工作起来不知疲倦。蜜蜂每天什么时间出去采蜜，去哪里采蜜，要采多少蜜，完全是自己安排，自己做主。蜜蜂外出采蜜完全靠自我管理，因为到了外面，那简直是自由世界，想干什么就干什么，想干多少就干多少，没有任何监督。可贵的是，蜜蜂来到大自然中，便全身心地投入到采蜜工作中，不肯休息，更谈不上偷懒。现实中的团队管理也应该向蜜蜂学习，让团队成员做自己的管理者，赋予他们自己做主的权利，这样才可以调动他们工作的热情和积极性，如此团队目标才可以更好、更快地达成。正如现代管理学之父德鲁克所说的那样，"最好的管理就是自我管理"。

第二节　目标导向必须明确

曾经有人做过这样一个实验：组织三组人，让他们沿着公路步行，分别向十公里外的三个村子行进。

甲组不知道去的村庄叫什么名字，也不知道有多远，只告诉他们跟着向导走就是了。这个组刚走了两三公里的时候就有人叫苦了，走到一半时，有些人就几乎愤怒了，他们抱怨为什么让大家走这么远，何时才能走到。有的人甚至坐在路边，不愿再走了。越往后，人的情绪越低，七零八落，溃不成军。

乙组知道去哪个村庄，也知道它有多远，但是路边没有里程碑，人们只能凭经验估计大致要走两小时左右。这个组走到一半时才有人叫苦，大多数人想知道他们已经走了多远了，比较有经验的人说："大概刚刚走了一半的路程。"于是大家又簇拥着向前走，当走到四分之三的路程时，大家又振作起来，加快了脚步。

丙组最幸运。大家不仅知道所去的是哪个村子，它有多远，而且路边每公里有一块里程碑。人们一边走一边留心看里程碑。每看到一个里程碑，大家便有一阵小小的快乐。这个组的情绪一直很高涨。走了七八公里以后，大家确实都有些累了，但他们不仅不叫苦，反而开始大声唱歌、说笑，以消除疲劳。最后的两三公里，他们越走情绪越高，速度反而加快了。因为他们知道，要去的村子就在眼前了。

这个实验说明，当人们的行动有着明确的目标，并且把自己的行动与目标不断地加以对照，清楚地知道自己行进的速度和不断缩小达到目标的距离时，人的行动动机就会得到维持和加强，就会自觉地克服一切困难，努力达到目标。

由此可见，一个清晰的团队目标是多么重要。韦尔奇曾说，"说话不能模棱两可，订立的目标不可模糊不清，否则，便不会成功"。公司早已经了解这一点，所以提出"目标导向必须明确"。

公司的团队都有着明确的目标。无论是业务团队，还是技术团队，还是服务团队，都有自己努力的目标和方向。以业务团队为例，每年各个团队都需要和公司签订任务责任书，任务责任书对团队的目标都有着明确的规定。公司一些职能团队的目标虽然不像业务团队那样数据化，但并不代表着目标就不明确。例如，办公室的目标就是"大办公室"。

办公室团队的目标——"大办公室"

办公室是一个有十几人的年轻团队，但是这个团队的目标却不简单——成为"大办公室"，之所以说是"大办公室"，主要是因为办公室团队有以下几个细分目标：

一是在参与政务上，成为协助党委、总经理室决策的"参谋部"。换言之，办公室要工作积极、主动，为领导出主意、想办法、提供情况，做好领导决策的参谋助手。

二是在保证公司运转上，成为"润滑剂"，协调综合部门和业务部门。办公室不但要做好领导之间和部门之间的沟通和协调工作，还要在文件传送、活动安排等工作中做好统筹协调。

三是在事务管理上，成为"后勤保障部"。在车辆管理、食堂和安保等各个方面，办公室工作要达到五星级宾馆服务的标准。另外，还重点关注公司安全问题，尤其是火和电。

四是在对外联络和沟通上，成为公司的"外交部"。办公室要不断加强与社会各界的协调和沟通，建立各方面的关系，畅通各方面的信息。同时，在信息传递方面要做到及时、高效，以最快的速度和最简捷的方式宣导出去。

这些清晰而具体的目标正引导着办公室这个年轻的团队不断前进。

德鲁克这样定义团队目标："目标并非命运，而是方向。"目标作为方向，必须明确，明确具体的目标是指引团队航行的灯塔，有了它，团队之船才能满载货物靠岸。假如这个灯塔不是明亮易见的，则团队之船不仅靠不了岸，还有触礁沉没的危险，所以团队目标导向必须明确。只有当目标明确后，团队才有前进的方向，团队成员在工作中才能劲往一处使，形成一股合力，更好地发挥团队的力量，表现出知识和技能的聚合作用，从而更好地促进目标的完成。

蜂与哲：

蜜蜂是群居动物，蜂群的每个个体都不是为了自己，种群的生存和繁衍是它们共同的目标。蜜蜂团队的目标很简单，也很明确——活下去，每一只蜜蜂都很清楚团队的目标，并从做好自己出发，为了这个共同目标奉献自己的一生。现实中的团队如果没有一个明确的目标，就没有能让他们奋力走出困境的指明灯。没有坚定目标的团队很可能在一次困境中就败下阵来。明确而坚定的目标可以成为团队强大的指示，哪怕在困境中也能让团队团结奋进，解决问题，不断前行。

第三节　以情动人，以法束人

公司有很多个优秀团队，如健康险专业团队、责任险专业团队、电销团队和理赔团队等，这是为什么？答案就是公司独特的团队信任。之所以独特，是因为团队信任是以情感型信任为主，制度型信任为辅，也就是"以情动人，以法束人"。

团队为什么要以情感型信任为主，这和公司倡导的和谐文化是分不开的。一直以来公司都提倡建立和谐文化，让团队的每个成员在平等、坦诚、信任的沟通中享受快乐，感受温暖，在生活和工作中不断取得新的进步。情感型信任是基于情感的信任，体现了团队成员之间的感情纽带，也体现了彼此的真诚关怀。公司认为："人都是有感情的，如果成员彼此之间的信任仅仅建立在制度之上，那么这个团队也没有凝聚力和战斗力。而基于情感的信任才会使团队产生巨大的能量。"在重关系、重情感的中国文化背景下，情感信任的影响作用更大。中国人重感情，"滴水之恩当涌泉相报"，当感觉团队对自己"好"，关心自己时，就会产生一种义务感或者责任感，要对团队回报，努力做好自己的本职工作，甚至还会做好本职之外的工作。但是一个团队的正常运营，仅仅靠情感信任是不够的，还需要制度信任，用"法"约束员工行为，从而不因行为失当而伤害到彼此，影响彼此之间的情感信任。

情感型信任的建立并不容易，为此公司做出了很多的努力。首先，公司从能力、正直和善意信任三个维度来建设情感信任。公司通过构建360度的培训体系、打造学习型组织、营造学习氛围等举措使得员工能力得到很大程度的提高，成员彼此相信对方能够很好地完成各自的工作。公司选才的时候强调品德胜于能力，其实是有原因的，因为一个人只有品德好、为人正直才会获得他人的信任，团队关系才会更加融洽。同时，公司强调"和为贵，爱无垠，善若水，道长久"的道德信念，提倡"热心对每个人，用心做每件事，开心过每一天"的心智模式，用公司内在文化熏陶和培养员工的善意。能力信任、正直信任和善意信任构成了团队的情感信任。另外，公司鼓励团队成员之间赞扬多一些、批评少一些，实行荣誉激励和情感激励，进一步加强团队的情感信任。当问到船货险副总经理她们团队的情感信任时，她是这么回答的，"我不知道怎么形容我们团队的情感信任，我只能说当我出差不在公司的时候，领导交代的任务，我只需要给我的同事发一个邮件，其他啥话都不用说，同事都会将任务完成得妥妥当当，不用我多操心"。

公司每年都会对优秀团队进行评选，并对优秀团队事迹进行表彰宣传，以提高全员的团队协作精神。

2012年铁东支公司团队经过全体成员的共同努力，出色完成了全年各项经营工作任务。团队实现实收保费收入4700万元，较上年同期增加760万元，完成计划的111.59%，实现承保利润990万元。这种成绩的取得，离不开铁东支公司整个团队全年不懈的努力。

2012年的优秀团队奖，即先进集体奖，颁给了鞍山市铁东支公司团队。公司通过内网、宣传视频和文件等多种形式对铁东支公司团队的先进事迹进行全省系统的表彰宣传，以表扬该团队在2012年为公司做出的突出贡献。因此，铁东支公司的先进事迹也传遍了整个辽宁人保公司。

情感型信任使得团队成员真情以待，大家紧紧地团结在一起，劲往一处使。但是，一个团队的正常运营需要制度，以保证团队的一切行为有理有据。团队建立的各类规章制度，如工作制度、会议制度和成员纪律，规范了团队成员的行为准则、做事标准等，使得团队成员明确了各自的任务、责任并建立了稳固的合作关系，成员间的情感信任也更加稳固。

如何建立一支优秀的团队？不同的人有不同的看法，但所有的人几乎都同意：信任是团队成功的重要因素。信任是合作的开始，也是团队管理的基础。一支不能相互信任的团队，是一支没有凝聚力的团队，也是一支没有战斗力的团队。情感型信任因为其最为稳定且能够为团队带来较高的绩效，已经成为众多团队建设的目标，所以公司应该建设情感型信任的团队，以情动人。但不要忘记，制度是团队运行的基础，所以团队要建章立制，以法束人。

蜂与哲：

在蜜蜂王国中，从伺候蜂王生活起居的"侍卫蜂"，专门取水的"水蜂"，专门打扫蜂巢的"保姆蜂"，专门抵御外敌的"兵蜂"，到负责探测蜜源的"侦察蜂"及负责采蜜的"蜜蜂"，它们彼此信任，各自做好自己的工作，从不相互干涉，给予彼此充分的信任。可以想象，如果蜜蜂总是彼此猜忌，那么蜜蜂王国将会是另外一番景象，可以说信任成就了蜜蜂。企业团队建设也是如此，也要打造团队的信任。如果团队成员总是怀疑对方是在撒谎、隐瞒信息、企图分割团队，那么这支团队不可能有效合作，只可能制造分裂。因此，团队信任是一个优秀团队成功的基石。

第四节　不要自扫门前雪，要合作

一个高效的团队多是由一群注重合作的成员组成。团队成员都具备实现理想目标所必需的技术和能力，并且相互之间能够良好合作，从而出色地完成任务。合作技能非常重要，但却常常被人们忽视。有精湛技术能力的人并不一定有合作技能，高效团队的成员则往往兼而有之。公司一直向员工强调"不要自扫门前雪，要合作"，公司不希望员工单打独斗，各自为政，而希望员工团结协作，鼎力合作，这也许是公司团队绩效高的原因所在。

锐哲顾问在兰德、麦肯锡公司等的优秀研究成果基础上，总结出优秀团队所具备的五个基本要素，其中之一就是团队成员之间要有互补的技能，主要包括技术性或职能性的专家意见、解决问题的技能和决策技能以及人际关系的技能这三类，其中着重强调了人际关系技能中的合作技能。技术性技能以及解决问题的技能都是属于工具型的技能，不具有管理柔性，而合作技能作为一种人际关系技能具有很强的柔性，这种柔性的人际关系技能在讲究关系哲学的中国企业尤为重要。

鉴于此，公司在建设、培养团队的时候也高度重视团队成员的合作技能。首先，公司在进行人才招聘的时候就非常重视合作技能。现在很多公司在进行校园招聘时都会设置"无领导小组讨论"这个环节，不同的公司在该环节的侧重点各不相同，有的侧重领导力，有的重视沟通能力，还有的重视细节。公司的校园招聘也有这个环节，当问到公司副总经理刘艳萍在无领导小组讨论中最看重的是什么时，她说："我们最看重的是学生的合作技能，因为只有具备合作技能的人才是合格的团队成员，才是我们想要的，而表现过于强势的我们往往不会选。"另外，公司还会组织一些关于团队合作技能的培训。在公司的培训课程体系中，明确规定团队合作能力训练是必修项目，所有员工都要参加相关培训。同时，公司还会不定期地组织拓展训练，通过拓展训练来培养员工的团队合作技能。

2014 年 1 月 1 日，公司颁布新的《地市分公司领导班子绩效考核暂行办法（2014 版）》（以下简称《办法》）。《办法》中管理原则的第二条规定：坚持分工协作、相互控股原则。强化班子成员职责，实施专业化分工；岗位价值与分管业务挂钩，根据业绩完成情况体现收入差距；同时与关联部门指标挂钩，体现相互协作与利益共担，具体算法例如：

分管车险副职考核结果=本人业绩考核×70%+非车险副职 1 业绩考核×15%+非车险副职 2 业绩考核×15%

分管非车险副职 1 考核结果=本人业绩考核×70%+车险副职业绩考核×15% +非车险副职 2 业绩考核×15%

理论上来说，颁布新办法没有什么值得大惊小怪的，各地市领导团队只需要按照要求执行就好了，但是 2014 版的办法，却让地市分公司的领导团队震惊不已，尤其是岗位价值与关联部门指标挂钩这一项。通俗来说，就是领导团队中任意一个领导的绩效考核结果都会与领导团队其他成员的工作业绩挂钩。

曲庆武总经理说："绩效考核关联机制的引入，就是为了加强地市领导团队成员的合作，避免'自扫门前雪'的现象。"

IBM 的个人业务承诺（Personal Business Commitments，PBC）绩效考核规定对员工的绩效考核指标不能超过五个，但是就是在为数不多的绩效考核指标中，IBM 仍然选择了团队合作这个指标作为考核指标之一，由此可见团队合作技能对于一个团队的重要性。以 IBM 为代表的世界 500 强企业在选人用人的时候首先最关注的是一个人的道德品行，其次就是团队合作技能，因为只有具备团队合作技能的人，才愿意合作、能够合作，并且能够合作得好。再伟大的天才，也不可能独自支撑一个团队，脱离了团队，任何人都无法生存，只有"不要自扫门前雪，要合作"，为了共同的目标而努力，把自己融入团队中去，发挥团队的优势，才会最大限度地发挥个人价值。

蜂与哲：

蜜蜂具有精诚合作的团结意识。蜜蜂王国是由蜂王、雄峰和工蜂所组成的，它们分工合作，各司其职，蜂王产卵，雄蜂交配，工蜂筑巢、采花酿蜜等，它们精诚合作维护共同的家园。蜜蜂具有强大的团队合作精神，单个蜜蜂是很难生存的，而蜜蜂团队却具有惊人的力量，这给团队以齐心协力、团结合作的有益启示。"三个臭皮匠，顶个诸葛亮"就是说团队力量大。团队中每一个人的力量和能力都是有限的，不可能完成团队的所有任务，只有团队成员相互合作，形成团队凝聚力，才会将团队的战斗力发挥到极致。

第五节　不怕渠道多，就怕速度慢，就怕信息传递不到位

　　良好的沟通是高效团队一个必不可少的特点。如果用这个观点来看公司，公司应该是构建良性交流沟通渠道的典范。长期以来，公司一直致力于搭建"数量多，速度快"的团队沟通渠道。公司的内部信息流通速度、信息的流通量，应该是同类企业的数倍以上。曲庆武总经理说："公司不怕渠道多，就怕速度慢，就怕信息传递不到位。"

　　团队的制度、流程和职责执行不到位，往往是因为信息传递不到位。公司的一个团队往往会涉及多个不同部门的员工，跨越很多层级，甚至有的团队成员来源于省公司、市公司和县支公司，所以信息想要流畅地传递并不是很容易。再加上信息具有很强的时效性，时间久了，信息就失去了其应有的价值。所以，公司坚持不懈地努力构建"数量多，速度快"的团队沟通渠道。

　　当你踏进公司的大门时，你的左手边将是宣传网络电视，右手边将是宣传板，公司的沟通渠道可见一斑。其实，目前公司已经基本搭建了多样化的沟通渠道，团队成员之间可以通过不同的渠道进行沟通交流。公司的团队沟通渠道包括但不限于下列内容，如图 4-3 所示：

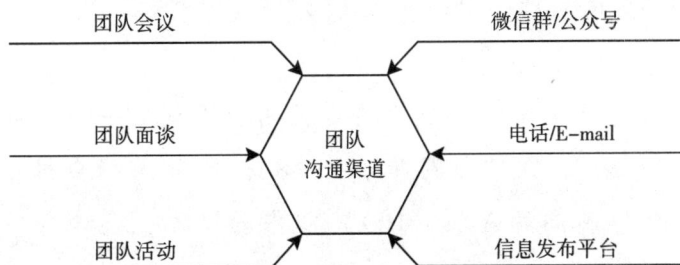

图 4-3　团队沟通渠道

多元化的沟通渠道确保了信息能够以不同的渠道传递到每一个团队成员。正如一个员工所形容的那样，"公司团队沟通、信息传递的渠道太多了，多得我都不知道该选择哪一种了"。公司团队沟通渠道的数量的确很多，那么公司又是如何实现沟通渠道速度快的呢？

"能用 30 秒解决的问题绝不用 5 分钟"，这是公司团队沟通的原则。在现如今这样一个快节奏的社会体系中，相对于 5 分钟面对面的沟通，团队往往更愿意用 30 秒的时间来发一封邮件。公司崇尚用最快速的方式来进行沟通交流，微信群、P 通和邮件已经成为最主要的沟通渠道。

在公司你会经常发现，好多员工无论在做什么，手机都是不离手的，曲庆武总经理也不例外。其实他们不是在玩手机，而是在关注自己的微信群，公司很多的信息都是通过微信群第一时间传递。曲庆武总经理极力推崇大家学习使用微信这个新工具，他为了能够跟上大家、不掉队，私底下主动学习微信，不夸张地说，曲庆武总经理现在"玩微信"比公司很多年轻人都要好。

在整个团队协作的工作中，每个人都是自己岗位上的专家，每个人都要给其他协作者一个学习新知识的机会，这样每个人可以在提高自己知识技能的同时，使彼此之间的互相协作形成"共同语言"，这个时候沟通渠道就显得特别重要，因为"共同语言"需要通过媒介有效地传递出去，让团队所有成员"听得到"，所以团队需要搭建多种形式的沟通渠道来传递"共同语言"。同时，"共同语言"作为信息的一种，具有时效性，只在有限的时间内才有意义，所以"共同语言"还要传递得快，让团队所有成员"听得有意义"。

蜂与哲：

蜜蜂采蜜的效率极高。这主要是因为蜜蜂具有一个十分复杂的通信系统——"舞蹈"，即"圆圈舞"或"8 字舞"。蜜蜂会根据蜜源距离蜂巢的位置选择不同的舞蹈，100 米以内的蜜源，蜜蜂跳"圆圈舞"，100 米以外的蜜源，蜜蜂就跳"8 字舞"。另外，据科学家研究，蜜蜂还可以利用蜜蜂振翅的声音传递信息。小小的蜜蜂就有这么多种信息传递渠道，团队更应建立多样化的沟通渠道，以确保信息在团队内部快速而有效地传递。另外，团队还要向蜜蜂学习根据不同的情况，选择合适的沟通渠道。

第六节　宣泄也是生产力

为什么在别的企业，员工私底下抱怨连连、怨声载道？在人保公司就不是这样，因为人保公司建立了一种完善的员工情感宣泄机制。一般的国企都不会这样做，因为领导要追求政绩，是不太可能允许员工发泄负面情绪的，而公司却认为员工"发牢骚并不是一件坏事，宣泄也是生产力"，用公司的话说，"员工并非逻辑动物，而是情绪的动物，有满意，就有不满意，不满意就要发牢骚，将负面情绪宣泄出来，有利于员工保持愉悦心情，更有利于工作"。

团队经营最核心的部分是对成员"堵"与"疏"的问题。这就像一个水池一样，当流通不畅时就会被堵住，导致水溢出池外；当流通顺畅时，水和一些杂质都会顺畅流走，水池也不会堵塞。同样，不让员工发牢骚，员工的不满情绪无法发泄出来，可能会产生两种恶果：一是公司死气沉沉，没有活力，形成无声的抗拒；二是一旦爆发，就会激化矛盾，无缓冲期，处理不好还会落个劳资双方两败俱伤的境地。为此，公司努力构建完善的多层级员工情感宣泄机制，如图4-4所示，给员工发牢骚的机会，使员工的不满情绪可以通过多层级、多种方式得到宣泄。

员工负面的情绪可以在团队内部通过谈心、定期沟通、活动以及聚餐等多种途径进行倾诉。

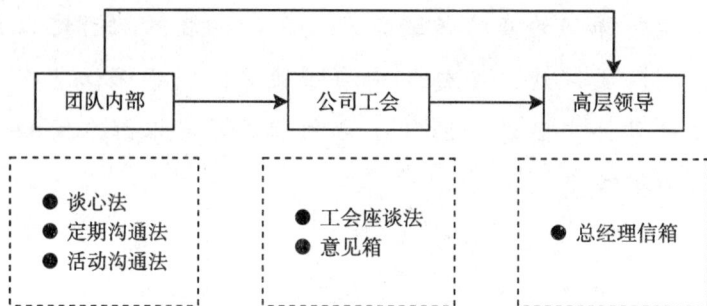

图4-4　多层级员工情感宣泄机制

（1）谈心法。在团队中，当成员对某些地方感到不满或者产生消极情绪时，可以主动找团队领导谈心，发出自己的牢骚。领导会给出反馈，以解决员工心中的问题。实际上，公司要求团队领导要经常和下属谈心，交流思想，及时沟通。

2013年车险部的一个员工因为泄题受到了公司的通报批评，部门的副总经理也因为管理不当受到处分。当时，在他们看来这不过是一件小事，公司的处理有一些严重，因而他们心中有一些不满。但是令他们没有想到的是，事情处理完之后，曲庆武总经理竟然亲自找他们谈心。

2013年11月5日，曲庆武总经理来到了车险部，目的只有一个——找两个当事人谈心。实际上，这个时候，两位当事人已经意识到问题的严重性，所以他们的谈话很诚恳。听完他们的讲话，曲庆武总经理说："两位当事人，你们不要过多地往心里去，我觉得你们俩谈得都非常深刻，态度决心都表得非常好。这么多年，无论是培训、考试，除了车险以外从没发生过这种事件。这件事情给公司带来了不好的影响，抹黑了公司，所以我们要吸取教训，加强认识。"

后来，当有人问该部门副总经理，曲庆武总经理给她留下印象最深刻的一件事的时候，她说："内部员工泄题，曲庆武总经理亲自找我谈话的事令我印象深刻。因为，受了处分，一把手能够亲自找你谈话是非常难得的。"

（2）定期沟通法。团队要定期开展问题讨论会议，在讨论会上，大家畅所欲言，不遮遮掩掩，给员工一个发表真实意见的机会，让员工把牢骚发出来。

（3）活动沟通法。公司积极利用集体活动、外出郊游和羽毛球比赛等多种形式进行交流沟通。在活动中没有上下级关系，形成"哥们、姐们"的大家庭气氛，在交流中放松心情，在谈笑中敞开心扉，交流思想，化解恩怨，一笑泯"牢骚"。

当团队内部无法解决员工的不满情绪时，员工可以寻求工会的帮助，向工会"一吐为快"。

（1）工会座谈法。工会不应成为摆设或门面，而是应积极地组织一些座谈会议，听取员工的不满和意见，并做好记录和反馈，真正发挥作为员工和公司的纽带和桥梁的作用。

（2）意见箱。工会意见箱是员工向公司表达不满、发泄情绪的另一种方式。有些员工更愿意将意见"写出来"而非"喊出来"。工会定期收集汇总意见箱的意见，并做出反馈，也可以解决员工心中的不满。

当工会无法解决问题时，需要将问题向公司高层反映，以获得解决方案。实际上，当员工觉得团队内部或工会都无法解决心中的不满时，可以直接越过团队和工会，通过内网的总经理信箱，直接向曲庆武总经理反映。

多层级员工情感宣泄机制成为公司消除牢骚负效应的好方法，保证了团队这个"水池"的畅通不堵。"霍桑效应"也就是所谓的"宣泄效应"认为，让员工将自己心中的不满、牢骚发泄出来，有利于企业工作效率的提高，这也验证了公司的观点——"宣泄也是生产力"。面对现代社会的压力与倦怠，员工个人生活的心理危机相伴而来，会出现这样或那样的牢骚、意见或不满。这就要求企业给员工创造"发牢骚"和"宣泄"的机会和环境，畅通宣泄渠道，让员工"放气"、"减压"，耐心疏导，化解矛盾，只有这样企业才能取得良好的"霍桑效应"。

蜂与哲：

通常在晚春、初夏时节，数百只侦察蜂就往四面八方飞去，寻找合适的树洞。数百只侦察蜂会带回来很多种方案，但蜂巢选址只有一个，那么肯定就有优胜者和失败者。对于落选的侦察蜂，其他蜜蜂都会安慰它们，听听它们发发"牢骚"，发完"牢骚"的侦察蜂才能继续全情投入到工作中。在日常的工作中，团队成员也会有不满的情绪。如果他们压抑、克制不满情绪，虽然这种情绪会得到缓解，但却不会被直接消灭，并且过分压抑会造成团队成员精神忧郁和孤独，这对于团队简直是灾难。因此，团队要建立不良情绪的宣泄机制，让员工大声说出自己的不满，然后员工才能全心全意投入到工作当中。任何一个团队都要记住，"宣泄"也是生产力。

第七节 团队是鱼，内外部支持是水

过去几十年里，团队崇拜的现象日益普遍。即使在美国这样极端推崇个人独立的社会中，团队也被赋予了至高无上的地位。团队合作可以提高创造能力和工作效率，这似乎已成为人们的共识。但是团队并非灵丹妙药，有很多团队并没有很好地完成目标，最终走向失败。团队失败的原因有很多种，但是高绩效的团队却有着一些共性的特征，如清晰的目标、相互的信任、一致的承诺、良好的沟通、优秀的领导，还有就是内外部对团队的支持。

公司也非常重视对团队的内外部支持。当很多企业在不断地对团队强调目标、技能、承诺、沟通，而忽略对团队支持的时候，公司却潜下心来调研各个团队的需求，并尽一切可能满足团队的要求，给团队发展提供足够的支持。团队目标、信任和沟通等这些东西固然重要，但是团队的发展更离不开内外部对它的支持。因为"团队与内外部支持的关系，正如鱼和水的关系，团队是鱼，内外部支持是水，鱼要想活命，就不能离开水，团队想生存，就离不开内外部的支持"。

公司将对团队的内外部支持作为团队成功的一个必要条件，从不同的方面支持团队的发展。从内部条件来讲，公司为团队构建合理的基础结构，如适当的培训、一套用以评估员工总体绩效的测量系统、人力资源系统、办公 OA 系统和知识管理平台等，每一个团队都享有这些内部的支持。恰当的团队基础支持并强化团队成员用实际行动来取得团队高绩效。从外部条件来看，公司为团队提供完成工作所必需的各种资源，如技术、资金和办公场所等。

但是实际上，每一个团队的发展除了必须具备一些共性的支持条件之外，还需要一些个性化的支持。很多公司只关注了对团队的共性支持，却忽略了团队的差异化需求。公司根据团队需求进行动态调整，在信息技术越来越重要的大环境下，在人员编制有限的前提下，优先为信息技术部招录人员，提出"技术团队人员编制没有上限，只要团队需要，就可招录"的支持原则。当查勘队伍缺乏查勘设备的时候，公司采取集中采购的形式为团队补充相应的设备。这些都是对团队个性化的内部支持。

2014 年，针对理赔团队上报的对理赔用摄像机的需求，公司经过调查核实，通过集中采购的方式为理赔团队购置了一批摄像机，满足了理赔团队的要求。另外，公司还为理赔团队的查勘人员购置了一批移动查勘定损终端。虽然公司购买这些设备付出了一定的成本，但是这些设备的全面使用帮助公司降低了赔付成本，更重要的是支持了理赔团队的发展，所以公司认为这笔花费是非常值得的。

团队要想取得较高的成就，就离不开公司对团队的内外部支持。美国哈佛大学教授理查德·哈克曼也赞同这个观点。当有人问哈克曼教授"如何才能创建并维系一支优秀团队"时，他说："公司或其他组织的领导者必须为团队创造五个基本条件：①团队要真实；②团队要有令人信服的方向；③团队需要建设性的结构；④团队需要组织的支持；⑤团队需要专家的指导。"哈克曼教授的回答实际上是在告诉企业，在管理团队的时候，必须重视对团队的内外部支持，因为"团队是鱼，内外部支持是水"。

蜂与哲：

在蜜蜂王国中，有这样一群工蜂，它们唯一的工作就是在蜂王意外死亡或老死后，马上寻找并培育适龄幼虫，"另立太子"。整个蜜蜂王国都知道这个小团队的重要性，所以从各个方面为它们提供支持，为它们"调兵遣将"，提供物质、场所，做好安保等。这个小团队因为有了蜜蜂王国的内外部支持，所以才能很好地完成任务，为蜜蜂王国成功培育下一个蜂王。先前，IBM的技术团队要建立市场数据追踪系统，可是，尽管IBM技术水平一流，但仍旧用了几年的时间才建成该系统。最主要的原因就是公司未能向技术团队提供足够的支持——客户信息以及竞争信息。鉴于此，企业在团队建设的过程中，一定不要吝啬对它的支持，要想方设法为团队提供足够的内外部支持。

第五章　组织

公司去掉内部烦琐的等级层次，建立网状的自组织类型，如图 5-1 所示。

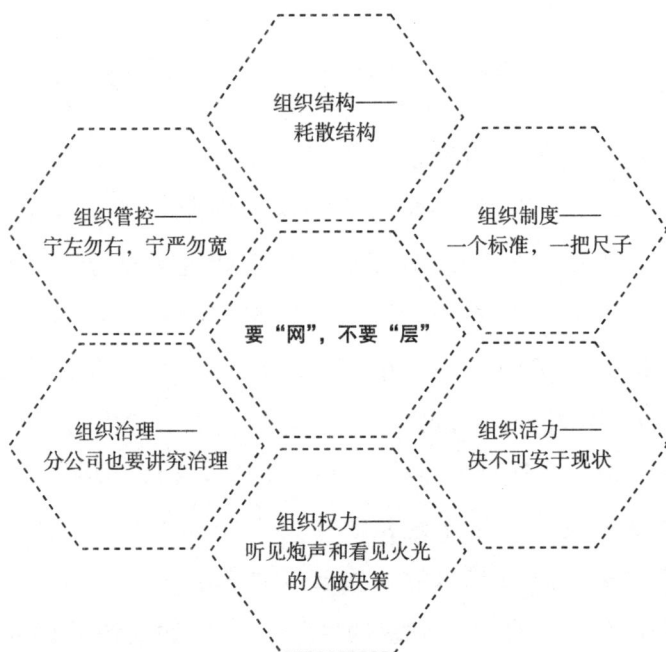

图 5-1　组织蜂巢

首先，公司建立了一种耗散有序的组织结构，通过开放、动态平衡和非线性作用等，使组织的发展涨落有序。其次，鉴于国企的性质，公司要求所有成员在制度面前人人平等，坚持一个标准，一把尺子。为了保持组织的活力，避免员工养成一种安于现状的人生态度，公司积极建设克服组织惰性的"软件"环境与"硬件"环境，以及探索有效的激励措施。最后，常言道，打江山难，守江山更难。守江山的关键在于组织权力、组织治理和组织管控。下属只做事而没有权力就会容易引起"叛变"，因此，公司让听见炮声和看见火光的人做决策。公司作为一家省级分公司，也非常讲究治理，治理的核心是决策，治理的保障是监督。至于组织管控，公司坚持"宁左勿右，宁严勿宽"的管理思想。

第一节 要"网"，不要"层"

中国人喜欢抱团、搞派系，所以一跳槽、一自立门户，走的常常不是一个人，而是一群人。如何解释这种现象？清华大学社会学家罗家德教授称之为小农心理，即员工总是希望拥有属于自己的团队和事业，这也是中国人最重要的工作动机。自组织刚好可以满足中国人的这种工作动机，自组织会相互结成组织网络，互为联盟或上下游，形成自己的团队和圈子。所谓"自组织"，管理学界称之为内部网络（Internal Network），因为这种模式从层级结构变成网络结构。

日本稻盛和夫的阿米巴经营和中国台湾宏碁集团施振荣的"群龙无首"管理哲学，以及海尔的自主经营体都是自组织的典范。从公司的管理模式中也可以看到自组织的影子，公司的组织结构要"网"，不要"层"，也就是说公司正在尝试构建网络型的自组织。此外，公司强调的放权、礼法和动态平衡也正是自组织所重视的三个方面。

杰克·韦尔奇曾说"管得越少，成效越好"，言外之意就是管理者应该学会放权。这一点和中庸之道崇尚的"无为而治"不谋而合。在企业中给员工"裂土封侯"的机会，让他们把一群熟人建立成一个拟似的家，给他们天地去驰骋，让他们拥有自己的努力成果，并和他们的"拟似家人"分享这些努力的成果，就是最大的激励。事实上，一位管理者大刀阔斧减少不必要的工作，绝不会有太大的风险。把权责利结合起来，放权、放责，不会有太大风险。放权不等于不管，而是要去监督和检查执行情况。曲庆武总经理没有事必躬亲，而是将权力下放，他并不分管任何部门和员工，而是将权力下放给总经理室的其他成员，由他们来全面开展工作。另外，公司还放权给基层，赋予员工建议权和决策权，形成民主化的经营模式。

一个好的自组织强调的一定是礼法并治，而礼治来自于德行领导——也就是以身作则建立文化。公司讲究"以德为先，德本才末"的用人标准，这似乎足以说明公司对管理者和员工德行的重视。另外，公司崇尚"和为贵，爱无垠，善若水，道长久"的道德信念，提倡"热心对每个人，用心做每件事，开心过每一天"的心智模式，并利用这种中庸文化熏陶员工，以形成和谐的企业风貌。法治又是公平的基础，公司通过"废"、"改"、"立"建立起现代化的企业制度，规范员工行为。因为有了礼法并治才能够做好自组织。

中国人的思维是阴阳相融又阴阳平衡的，是中庸之道，中庸之道强调的就是在动态的环境中不断地因情境的改变而寻求动态平衡。自组织也是如此，追求在动态的变化中寻求平衡。公司在人情与公平之间，在信任与权力之间，在礼治与法治之间，允执厥中，不走极端，走偏了立刻修正回来，在不断地修正过程中保持动态的平衡。

虽然，公司的自组织管理模式还处在起步探索阶段，并没有形成真正的自组织，但是公司敢于实践、敢于尝试新的管理模式就已经可以算作成功。未来，公司的自组织还有很长一段路要走。

德鲁克曾说，"我似乎从中国的管理中看到了些什么，未来中国管理应该有一些东西"，这句话无疑是对中国式管理的高度评价。中国上下五千年，拥有不间断的中国文化，从中国的历史来看，中国人绝对有自己的管理模式，而且绝对不输于国外。以海尔的"自主经营体"

为代表的中国式自组织管理模式可能就是德鲁克要找的答案，因为自组织崇尚传统的中庸文化，要网络结构，不要层级结构，重视放权、关系、人情、德行和动态平衡。正视自组织，善用自组织，学习管理自组织，正是中国管理智慧的根源。

蜂与哲：

蜜蜂群体是自组织的典范，在没有外部指令的情况下，群体按照相互默契的某种规则，各尽其责而又相互协调，自动地形成有序结构。例如，蜜蜂发现了一个非常好的蜜源，就跳舞来告诉其他伙伴蜜源的位置，收到信息的蜜蜂就迅速采取行动；而不是将信息告诉某一位领导，再由它向其他成员发出命令。对于企业组织来说，蜜蜂团队的这一"经验"意味着，在一个完美运转的团队里，不存在官僚的等级制度，不存在发出命令的领导者，每个成员都会及时向其他成员广播相关信息。

第二节　耗散结构

从 2009 年曲庆武总经理上任至 2015 年年初，公司经历了三次组织结构变革，逐渐从原来的无序状态转变为在时间上、空间上和功能上的有序状态。而随着外部环境的继续改变，公司的组织结构还会出现一系列新的有序结构状态。公司这种在远离平衡态情况下所形成的有序结构，理论上被称为"耗散结构"。

普利高津教授于 1969 年提出了耗散结构理论，其主要思想是：在开放系统中，当其某一参量达到某一阈值时，系统便达到临界状态，形成一种有序结构——耗散结构。在达到临界状态后，系统只要能从环境中持续不断地汲取物质、信息、能量等，系统的耗散结构就可以持续不断地生存和发展。

公司是一个典型的耗散结构，具有耗散结构的开放性、远离平衡态和非线性作用等典型特征。

首先，公司是一个开放系统，一方面表现为与外界进行有形资源的交流，即采购原材料、设备等办公设备，引进新的技术，引入新的服务流程等；另一方面也表现为无形资源的交流，如建设新的企业文化、从外界吸纳优秀的人才和智慧等。任何公司都离不开这两种资源的支撑，而系统开放性就是获取这些资源的前提。

2012 年 5 月 10 日，公司召开了公开招聘大会，对信息技术部和银行保险业务部/经纪代理业务部副总经理岗公开选拔。

此次系统内外公开招聘本部部分管理人员，完全市场化选拔，网上报名、简历筛选、访谈、专家面试、笔试和竞争演讲等全过程公开透明。这种开放式的人才选拔，主要目的是引进行业内外各类优秀人才，拓宽思路、开阔视野，做到海纳百川、兼容并包。

其次，公司的组织结构是一个"活"的结构，远离平衡态是其形成的必要条件之一。公司只有在远离平衡态时，通过涨落才有可能使其进入一个新的稳定有序状态。经过长期的发展，很多公司往往会产生"平衡就是井井有条，不平衡就是杂乱无章"的思维定式，在发展中维持相安无事的平衡态，抑制引起竞争的非平衡态，从而致使公司缺乏生机和活力。而公司在发展的顶峰"打碎"原有的做法，通过"二次创业"打破这种静态的平衡，从而充满活力以实现再次腾飞。

公司通过与外部环境进行物质、能量和信息交换，产生积极的影响和推动作用，使公司呈现出新的活力。公司经过了 65 年的发展，经受住了市场的考验，傲立于保险市场改革开放的浪潮中。在这 65 年的成长过程中，特别是 2009 年新班子上任以来，公司更是取得了突破性的成绩。

曲庆武总经理说："自 2009 年新任领导班子组建以来，公司在发展、效益、管控和文化等方面有了长足的进步和发展，取得了令人鼓舞的阶段性经营成果。同历史相比、同自己相比，都有理由自豪和骄傲。然而，越是处于发展的最佳时期，越应该居安思危。"

"居安思危"是古训，许多企业家都明白这一道理。微软帝国的创造者比尔·盖茨经常说"微软距离破产永远只有18个月"。比尔·盖茨的个人资产有500亿美元，一年花5000万美元，得花一千年。这样的人为什么会说这样的话呢？因为他知道微软是高科技企业，它的生命周期很短，他必须居安思危。任正非在华为创业十年时讲，"十年来我天天思考的都是失败，对成功视而不见，也没有什么荣誉感和自豪感，而是危机感，也许这样（华为）才存活了十年。失败这一天一定会到来，大家要准备迎接，这是我从不动摇的看法，这是历史规律。"

最后，公司各内部要素具有典型的非线性作用。影响公司发展的内部要素很多，但人才是公司的核心要素，是一个公司的核心竞争力。人才之间的非线性作用在公司的发展过程中起主导作用。公司通过与外部环境进行物质、能力和信息交换，先产生微涨落使公司远离平衡态到达临界区域，在非线性作用下形成的巨涨落使公司形成新的有序稳定态，进而实现二次创业，再次腾飞，如图5-2所示。

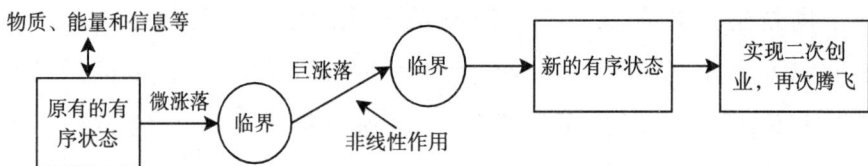

图5-2 公司耗散结构的发展路径

自第二次大讨论以来，公司共开展讨论200余场，如图5-3所示，专题调研组收集意见建议2163条，经过归纳和整理，最终形成了50项决议，作为指导公司未来4~5年发展的战略规划。这就是人才之间非线性作用的结果。

在全球经济迅速一体化、信息技术飞速发展的形势下，企业面临的市场竞争环境已由相对简单和稳定转变为复杂和动荡。因此，在动

图 5-3 系统财务"二次创业、再次腾飞"大讨论暨专题调研会议

态环境中，管理者应该动态地考虑如何获取持续竞争优势，而不是静态地考虑如何维持某一竞争优势。

蜂与哲：

蜜蜂虽然是低等的昆虫，然而千千万万个蜜蜂在看似无序的飞行运动中却能相互协同，建造出一个个完美无缺的正六边形的蜂巢。这些蜂巢是精美的耗散结构。典型的例子是 1900 年贝纳特做的对流实验。他在一个盘子中倒入一些液体然后加热，一定时间后，原来静止的液体会突然变得规则有序，出现许多紧密相邻的六角形的对流格子。从上往下可以看到贝纳特流形成的图案像蜂房那样，这是一种宏观有序的动态结构。现实生活中，蜂巢模型这一大自然创造的精巧结构给建筑家们许多启示，例如，日本设计师饭田精次郎设计了许多由六边形格子图案组成的蜂巢形校舍。同样，企业家们也可以从蜂巢模型中得到许多启示，如保持组织的开放性、动态平衡和涨落有序。

第三节　一个标准，一把尺子

制度面前，人人平等。公司一直认为，对待管理人员和普通员工不能用两把尺子来衡量，如果他们犯了错误，对管理人员宽容以待，对普通员工则严厉惩罚，就会极大地挫伤制度的权威性。所以公司必须坚持一把尺子。好尺子，刻度要明晰，标准要统一，如果每人手中都有一把标准各异的尺子，那注定是要乱套的。所以，制度这把尺子也只能有一个标准。

公司的制度就跟"热炉"一样，形象地阐述了制度的原则：警告性原则、及时性原则、一致性原则和公平性原则。

首先，热炉火红，不用手去摸也知道炉子是热的，会灼伤人——警告性原则。公司制定了"蓝黄红牌"问责制度，给予违规员工蓝牌、黄牌或红牌以示警醒，使员工得到充分的警告，使其知道一旦接触热炉会出现什么后果。

2014年1月1日到5月8日，公司对28名员工进行了警告处理。其中丹东1人红牌，2人蓝牌；盘锦20人黄牌；鞍山1人黄牌；本溪3人蓝牌；辽阳1人蓝牌，共扣罚绩效工资1.35万元，追回奖金2.64万元。

其次，当你触摸热炉时，瞬间会感受到灼痛，使大脑毫无疑问地在原因与结果之间形成联系——及时性原则。每次只要一有员工违反制度，公司就会对其立即进行处罚，决不拖泥带水。惩处要及时，决不能有时间差，以达到及时改正错误行为的目的。

2013年的出单考试中有3人作弊，无论是普通员工，还是部门副总经理，公司在第一时间对其进行了全省通报批评和严肃处理。

同年，抚顺分公司出现泄题事件，公司取消所在考点全部考生成绩，并联合监察部，专门成立专项调查小组，对事件进行深入调查，全省通报，省市公司相关人员还受到了严厉的惩罚。

此外，在总公司组织的理赔员考试和法律任职资格考试期间，分别有2人和1人违纪，省公司当即将其清理出考场，并进行全省通报批评。

再次，无论什么时候碰到热炉都是一样的结果——一致性原则。公司的制度一旦出台就必须严格执行，没有讨价还价的余地。曲庆武总经理说："执行力是一条红色警戒线，凡是上级决策、决议必须做到坚决、无条件执行到位。其实，国有企业并不缺少制度，而是缺少对制度不折不扣的执行者，更缺少精益求精的执行者。"归根结底，只能改变制度，不能改变结果，以及说到就必须做到，一经决定，就必须无条件执行。

公司设置了"一把手宣誓就职"制度。即公司的一把手，包括曲庆武总经理和地市分公司的一把手，在就职的时候都需要宣誓。宣誓内容包括忠诚于公司、遵守公司的规章制度和保证完成的任务等。一旦不能按照宣誓内容执行，一把手就会受到问责。这种做法和美国总统的宣誓就职有异曲同工之处。不一样的地方是：美国总统很少有被问责的，但是公司的一把手却不一样。曲庆武总经理说："公司的一把手宣誓就职绝不是走形式，不能按照宣誓内容开展工作的一把手坚决予以撤换。"

最后，不管是谁碰到热炉，都会被灼伤——公平性原则。不论是领导还是下属，没有任何特权，只要触犯公司的规章制度，都要受到惩处，其结果不针对某个具体的人。

公司制定了一项专门针对领导层的制度，叫"后三分之一"问责制。在对地市班子成员标准化分工的基础上，公司对地市班子成员实施全省大排名，采取月点评、季考核、半年一对一和全年问责的措施。每月，排名后三分之一的市公司领导人要在月度经营情况点评视频会上做表态发言；每半年，对于排名后三分之一的班子成员，由相关部门进行"一对一"点评分析；每年年末，对于未完成省公司下达预算指标且排名后三分之一的市公司班子成员，采取诫勉谈话、降薪、调整、降职和免职等惩处。

2011年，公司召开绩效考核全年问责大会，某市分公司的总经理因为考核结果位列全省倒数后三分之一而被亮黄牌。

2012年，该总经理再次因为考核结果位列全省倒数后三分之一而被问责，公司将其降职为副职。

"后三分之一"问责制除了体现制度的公平性原则，其核心管理思想更是为了解决"法不责众"的问题。大家为了不成为后三分之一，就必须要往前赶，不断努力，在没有揭示结果之前，就必须不断奋斗，自觉力争上游。

制度面前，人人平等，即使是领导班子成员也没有超越制度的特权。如果制度因人而异的话，就失去了其存在的意义。"一个标准，一把尺子"是公司奉行的制度原则，也是制度执行的重要标准。因为只有保持制度的公平性，制度才能够被信服，才能够被执行，否则就是一纸空文，一种摆设。

蜂与哲：

在蜜蜂的世界里，蜂与蜂是平等的，没有不劳而获的特权阶层，劳动是获得生存权的唯一途径。就连蜂王也不例外，它们负责生育后代的任务，直到死亡。当一只蜂王因为年龄过大而无法胜任为整个蜂群繁衍后代的任务时，觉察到这一点的工蜂一方面开始建造新的"女王杯"培育新蜂王，另一方面会为老蜂王执行"死刑"——大量工蜂成群地将蜂王紧密围住直至她因过热而死。蜜蜂虽是一种低级生物，在制度面前也没有高低贵贱之分，何况是人呢？制度面前，更要人人平等。

第四节　决不可安于现状

安于现状不一定意味着不好——但它确实会导致组织惰性。几乎每一个在组织里工作了足够长时间的人都会采用一种"老样子"的观念来看待各种问题。他们总是采用一些经验式的方法来解决问题，不是因为这些方法总是奏效，而是因为他们根本不会去思考用别的方法来解决问题。长此以往，他们的思维容易定式、工作方式方法容易墨守成规，而组织也会逐渐陷入"惰性"。安于现状的组织惰性表现为员工对工作的一种消极逃避、得过且过和不思进取的行为选择。

那么，究竟是什么原因导致员工安于现状而不思进取呢？

通常，员工所表现出来的组织惰性是在一定条件下产生的，是由于组织自身存在着潜在的惰性因素。其实，大多数员工都渴望通过卓越的工作业绩来获取物质和精神回报，都主动追求自我价值的实现，但人们的思维受环境影响特别大。曲庆武总经理说："长期受到当地社会、经济、人文、生活和习俗影响，我们的思维容易产生惰性，而且这个烙印还是很深的。"所以，只要组织具备克服惰性的"软件"环境与"硬件"环境，并加以有效激励，每个员工都会努力工作。

在辽宁人保公司则"决不可安于现状"，原因有很多：

首先，公司建立了"以业务论英雄"的绩效文化。更新企业文化是克服组织惰性的"软件"环境。组织文化是企业经营管理的思想底蕴，而组织惰性是企业经营管理的外在不良表现。可以说，组织惰性的产生根源于组织的文化。那么，要克服组织惰性，必须更新企业文化。更新企业文化也是克服组织惰性的根本。

曲庆武总经理说："我们要以业绩论英雄，始终坚持一切凭数据说话，坚持一个标准、一把尺子，一视同仁，不搞迁就照顾，不搞视同完成任务。"以业绩论英雄强调的是一种目标导向的绩效考核思想，以结果论成败。用业绩决定薪酬能够有效避免员工人浮于事的现象。业绩好，薪酬高；业绩差，薪酬自然就低，个人的努力程度与个人的薪酬直接挂钩，只有多劳者才能多得，自然就不会有人再懒惰了。

其次，公司营造克服组织惰性的"硬件"环境——有效的绩效考核体系。有效的绩效考核体系会对员工业绩的提升起到进一步的促进作用，会调动员工的积极性，使员工产生使命感，进而发挥其创造力，使强者得其位、弱者有压力并形成向上的动力，最终克服组织的惰性。绩效考核不论对员工还是企业，只要运用得宜，都可以产生相当巨大的正面效果。

车商业务部的负责人说："在车商渠道团队管理岗的工作中，我体会到：'人'是渠道产能提升的原动力；而科学的考核体系是优化车商渠道驻店人员队伍的有效途径。通过有效的考核体系客观评价驻店人员的努力程度和工作成果，并通过对考核结果的沟通和强化，可以激发驻店人员的素质潜能，提高驻店人员的工作能力，有助于驻店人员个人的职业发展。"

最后，激励策略也是必不可少的。公司建立了公开透明、差异化的薪酬制度，使员工的薪酬同工作业绩挂钩，业务好则薪酬高，业绩差则待遇低。好的激励措施可以激发一个人的斗志，可以提高一个人的工作积极性和主动性。

公司设置了一个奖项——"超额利润贡献奖"。专门奖励那些为公司利润做出超额贡献的地市分公司。"超额利润贡献奖"可以说是公司坚持以业绩论英雄的直接体现。

组织惰性潜存于每个企业中，不容忽视。当组织发展不迅速时，内部产生不良问题时，跟不上经营环境变化的脚步时，出现组织惰性行为时，企业就必须积极建设克服组织惰性的"软件"环境与"硬件"环境，以及探索有效的激励措施，否则将会影响组织绩效及其存续能力。

蜂与哲：

当蜂群发展到一定阶段后，由于巢内空间过于拥挤，大量适龄工作蜂工作任务不饱满或找不到工作可做，就会出现浪费闲置劳动力的"窝工"现象和出现过多的"失业蜂"。此时，蜜蜂们就开始酝酿"分蜂"事宜了。分出的蜂量是原群的一半，它们将同老蜂王一起重新快速建立自己的新家。原有的蜂群，由于食物面临短缺，庞大的家业需要重整，留下的所有工蜂们都必须迅速投入工作，蜂群又回到个个有事干的务实环境中，蜜蜂们就是用这样的方法解决"惰性"问题的。由此可见，组织环境是解决惰性问题的根本，要想员工克服组织惰性，也需要企业创造激发员工干劲的工作环境。

第五节　让听见炮声和看见火光的人做决策

曲庆武总经理说："要让听见炮声和看见火光的人来做决策，没有调查研究，就没有发言权。"这句话道出了两层含义：一是如何让听见炮声和看见火光的基层做决策；另一层是如何让后方的决策者听见炮声和看见火光。后方在做某些决策的时候，可以让前方参与讨论，最后授权给前方；某些决策只能后方做，就要下基层调研，倾听前方的心声，最后决策权在后方。

为什么要让听见炮声和看见火光的人来做决策？

华为总裁任正非曾说："企业后方配备的先进设备、优质资源，应该在前线一发现目标和机会时就能及时发挥作用，提供有效的支持，而不是拥有资源的人来指挥战争、拥兵自重。谁来呼唤炮火，应该让听得见炮声的人来决策。基层作战单元在授权范围内，有权力直接呼唤炮火……"

领导到基层调研，倾听基层的意见和建议是公司一贯坚持的工作方法，目的是"让决策者看得见火光和听得见炮声"。作为决策主体的经理人员应该做好重大决策前的调研和论证，查找执行中可能出现的问题并及时进行分析，以避免该决策在推广实施时出现重大失误，从而保证决策的科学性和有效性。

2009年4月曲庆武总经理上任之初只做了一件事——他带着调研小组用了一个月的时间，对13个地市分公司开展调研活动，与机关14个部门的员工进行座谈，了解公司的具体情况，倾听基层员工的心声。通过调查研究，他于5月12日召开了题为"求真务实、效益第一、和谐奋进，实现辽宁公司经营管理的根本性好转"的重要会议。这次会议确定了公司未来3~5年的奋斗目标，明确了公司今后五年的发展方向。

任正非说，"谁来呼唤炮火，应该让听得见炮声的人来决策"。而现在很多企业恰好是反过来的。前线的员工无法参与决策，机关不了解前线，但拥有太多的权力，这就导致了运行效率低下。所以，要让听见炮声和看见火光的人来做决策，也要让做决策的人听见炮声和看见火光。

蜂与哲：

很多人都有一种错误的认识，认为蜜蜂实行高度集权的君主制，蜂王发号施令，众蜂唯有俯首听命。其实，蜂王并不独裁，蜜蜂王国中的重大活动都由蜜蜂大众（包括蜂王）共同决策，蜂群中的每一位成员都有"决策权"。例如，为了选择一个新家，规模为1万只的蜂群一般会派出300~500只蜜蜂寻找可能的安家地点。每只蜜蜂都可以发表自己的意见，它们通过成百上千次交流，做出集体决策。蜜蜂王国既不集权，也不专制，让"听见炮声和看见火光的人"参与决策，这就避免了决策的不当和盲目性。的确，蜜蜂这样生活了至少3000万年，如果决策过程不明智，它们早就在自然选择过程中被淘汰了。对于企业来说，有太多决策要处理，更需要让听见炮声和看见火光的人参与决策。

第六节 分公司也要讲究治理

当前，在我国大型企业集团中，采用总分公司型组织形式的占据了相当大的比例。随着我国国有企业改革的逐步深化，包括中国人民财产保险有限公司在内的国有大企业集团逐步在总公司层面建立了较为完善的组织治理结构，但是在省级分公司层面并没有建立有效的组织治理机制。辽宁人保公司放弃公司在组织治理机制建设上"等"、"要"、"靠"的思想，不断建立并完善了自己的组织治理结构，如图5-4所示。

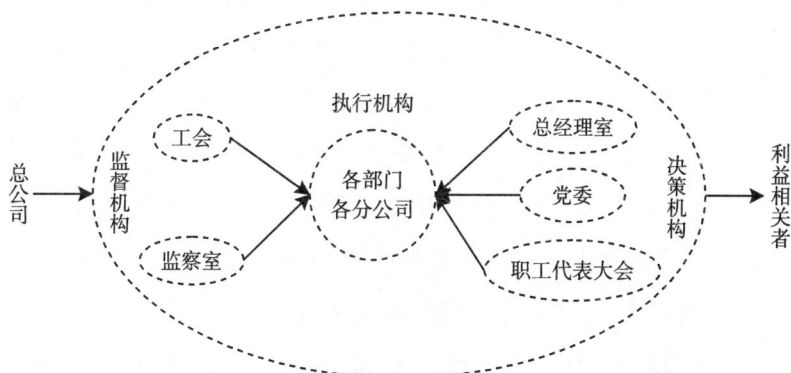

图 5-4 公司治理结构

公司的组织治理结构分为内外两层，外层包括总公司和利益相关者（客户、竞争者和主管部门等），内层包括决策机构：总经理室、党委和职工代表大会；执行结构：各部门和各分公司；监督机构：工会和监察室。有效的内层治理结构，一是保证决策的科学性与合理性；二是强化内部监督，防止问题的发生。

决策：公司治理的核心

决策对于公司经营起着决定性作用，因此成为公司治理的核心。

公司的决策机构主要包含三个：总经理室、党委以及职工代表大会。总经理室负责公司日常运营类决策，但涉及"三重一大"事件就需要党委决策，涉及员工切身利益的事情则需要职工代表大会讨论决策。三种不同的决策主体保证了公司不同层面决策的科学性和民主性。决策主体科学合理的决策离不开公司建立的决策机制——民主和调研。

首先，决策民主性。在进行决策的过程中，最容易出现的就是公司总经理或党委书记"一言堂"的局面。因此，为了使决策更加民主，公司加强总经理室和党委决策制度建设，建立健全公司总经理室和党委工作规则，按照民主决策原则，明确总经理室和党委集体决策的具体事项，建立科学合理的决策程序，明确决策时的议事规则。

为了防止党委决策中"委员发言、书记拍板"或"书记表态、委员举手"的不正常现象，公司党委建立并实行一把手末位表态制度，凡涉及"三重一大"事项，党委会实行倒序发言，一把手末位表态，以形成畅所欲言、集思广益的讨论议事氛围，真正做到充分发扬民主。

其次，决策合理性。为了保障决策的科学性，公司强调"没有调研就没有发言权"、"让听见炮声和看见火光的人来做决策"，要求决策主体做好重大决策前的准备工作，对被决策事项进行充分调研和论证。

仅 2014 年 4 月到 8 月四个月时间，公司领导层去基层调研的次数就有 57 次，并定期通报客户走访互动情况，鼓励领导班子、中层干部，都要走出办公室，去市场上做调查，以保证决策的科学性、合理性。

另外，公司还强调对于应用范围较大的决策要做好试点运行准备工作，在较小的范围内进行试点，查找执行中出现的问题并及时进行分析，以避免该决策在较大范围推广实施时出现重大失误。

2012 年为了实现沈阳分公司车险和非车险的分业经营,公司课题组多次到总部汇报,先后赴兰州、乌鲁木齐学习考察,多次论证,几易其稿,最终耗时两个月才形成车险非车险分业经营的方案。

在沈阳市分公司车险非车险分业经营改革一年之后,公司并没有急于在全省推广,而是决定在抚顺和辽阳两家市级分公司先行试点,以找出不足,做出改进。

监督:公司治理的保障

公司治理的决策和执行离不开监督。公司赋予工会和监察室对公司治理过程进行全程监督的权力,以形成正派的治理文化,进而不断提高公司的竞争力。

监察室参与治理。公司设立监察室,直接隶属于总经理室,保证其开展工作的独立性和权威性,赋予其足够的监察权,对公司违法和违规行为进行监督和制衡。

2009~2014 年,公司每年都要召开几个固定会议,包括省保会、半年会,还有一个就是纪检监察审计工作会议。每年公司都会根据实际情况召开相关会议,在众多会议当中,纪检监察审计工作会议年年不落,由此可见公司对纪检监察审计工作的重视,以及纪检监察审计工作对于公司经营的重要作用。

工会参与治理。对于作为监督机制重要一环的工会参与治理,公司注重工会主席担任者的独立性。同时,从制度层面上,保证工会知情权、建议权等方面权利的行使。

有决策就需要执行,而公司的执行主要是由各个部门和各分公司按照总经理室的部署严格执行。

长期以来,国有企业集团总公司对省级分公司的公司治理都不重视,忽视省级分公司治理问题的存在,这就导致分公司自身也不注重建立完善的组织治理结构和机制。久而久之,省级分公司的组织治理就滋生了很多问题，对省级分公司的经营发展产生了很坏的影响。在市场日趋激烈的环境下，这种缺乏完善的组织治理机制的省级分公司，是很难和竞争对手进行竞争的。要想摆脱这种尴尬的局面，省级分公司就要从自己做起，拒绝依赖思想，将自己作为真正的经营主体，主动承担起经营的决策、执行和监督权力，建立完善的组织治理机制，实现公司的良性发展。

蜂与哲：

蜜蜂的生产关系复杂严谨，有严明的阶级分化、有精细的成员分工。更为特别的是，蜂群有自己的一套治理机制，可称为"陪审团制度"。在选定新家地点时，蜜蜂会用舞蹈指出一系列新家的地点，其他的蜜蜂会亲自飞去检查，进行深度评估和报告，然后再表达自己的观点。由于更好的选址有更大的群众支持基础，越来越多的蜜蜂会逐渐达成共识。组织治理是企业管理的关键环节，每个企业都应该重视，尤其是要注意决策的科学性。

第七节　宁左勿右，宁严勿宽

保险公司是经营"风险"的，这风险既有天灾人祸的风险，也有内部管理的风险，因此必须加强内部管控。曲庆武总经理说："在管控上，我们要坚持'宁左勿右'、'宁严勿宽'的思想，坚持合规经营底线不突破。"

合规经营是公司发展的"生命线"和"高压线"，也是必须严守的底线。合规经营的理念贯穿于公司的每个业务流程和每个工作环节。合规与每位员工的工作息息相关，合规理念根植于每位员工的思维，成为员工永不突破的底线。

从 2009 年曲庆武总经理上任开始，公司就坚持合规经营的底线，始终坚持把依法合规经营作为组织管控的重要组成部分，并围绕合规经营采取了很多措施。

2009 年 9 月 10 日，公司在锦州市召开辽宁保险业第一个依法合规经营现场会。该会议充分体现并向全体干部员工表明了公司对坚持依法合规经营的决心和信心。

2010 年 1 月 15 日，公司以省内最大媒体《辽沈晚报》为载体，在报纸上公开悬赏打假，全力公开打击保险欺诈行为，持续联合多家保险主体，积极引导行业自律，带头规范财险市场秩序。

2011 年，曲庆武总经理逢会必讲依法合规经营，对合规经营实行 KPI 考核一票否决，对违法违规行为"零容忍"。

2012 年 4 月 6 日，国家审计署驻沈阳特派员办事处对公司的依法合规经营予以充分肯定。

2013 年 7 月 28 日，曲庆武总经理再次强调依法合规经营，要求公司做到合规经营，警钟长鸣，坚持依法合规经营底线不突破。

2014 年 7 月，丹东市分公司农险合规经营受到《中国保险报》走基层栏目的大力关注。

蜂与哲：

蜂群中有两种雌蜂，一种是蜂王，另一种是工蜂。但只有蜂王才允许产卵，工蜂的职责是养育幼虫、建设蜂巢和外出采蜜等。如果偶有工蜂决定自己产卵，会由其他工蜂或蜂王把该工蜂产下的卵吃掉。这种管控行为非常严格，在蜜蜂中的有效率高达 98%。由此可见，一个组织的管控手段必须要"宁严勿宽"。

第六章　激励

图 6-1 展示了公司的人才激励体系。

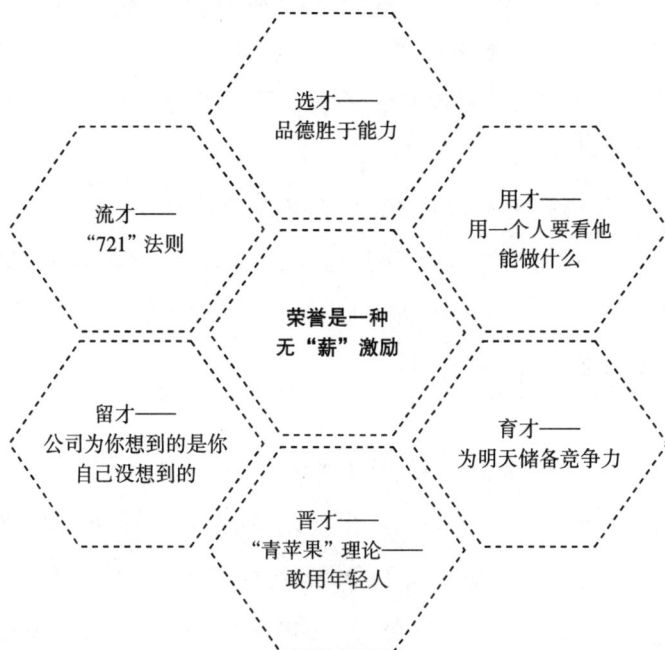

图 6-1　激励蜂巢

公司综合运用"物本"、"人本"和"能本"的管理理念，最终构建了一种终极的激励手段——荣誉激励。荣誉可以成为不断鞭策荣誉获得者保持和发扬成绩的力量，还可以对其他人产生感召力，激发比、学、赶、超的动力，从而产生较好的激励效果。因此，荣誉激励是公司在发展过程中自然而然做出的选择。

激励的目的是激发和创造队伍的活力，因此，公司把激励与选才、用才、育才、晋才、留才和流才联系起来。

选才在于品德胜于能力；用才的关键是用一个人要看他能做什么；育才是在为明天储备竞争力；晋才要敢于重用年轻人；留才要从待遇、感情和事业三方面入手，让员工觉得公司为其想到的是他自己没想到的；流才是保持队伍活力的必要手段，要用"721"法则更新人才队伍。

第一节　荣誉是一种无"薪"激励

天下熙熙皆为利来，天下攘攘皆为利往。人们每天奔波劳累无非为了养家糊口。金钱可以激励员工，不能戴有色眼镜来看待为了钱而工作的人。很多企业都用金钱来激励员工。辽宁人保公司也不例外，公司将改革创新的出发点和落脚点放在员工收入的增加上，从2009~2013年，年均工资增长23.11%，人均增长13.66%，远高于CPI的涨幅。不过，金钱对人的激励是有限的，因为物质的需求毕竟是低层次需求，当员工的需求层次发展到一定程度后，他们就不会为了一点点的加薪而努力工作了。这时就需要其他的激励手段，公司采用了荣誉激励。

荣誉激励是一种终极激励，按照马斯洛的需求层次理论，荣誉属于最高层次。荣誉虽是无薪和无形的，却使获得者感到无上的荣耀，又可以为其他人树立学习的榜样和奋斗的目标。荣誉激励具有巨大的社会感召力和影响力，能使企业具有凝聚力和向心力。给下属意想不到的荣耀可以用来表达自己对下属的器重、赏识和厚望，会使下属格外地兴奋，因为下属感到自己得到了领导的关爱，这种非同寻常的关爱会留下刻骨铭心的记忆，使下属终生难忘。当下属得到这种奖赏后会感到极有面子，为了维持这种面子，同时也为了回报给面子的人，下属必定比以前更加勤奋地工作。

曲庆武总经理善于以荣誉手段激励员工，并且长于运用其奥妙之处。公司的荣誉激励有三个特点：

（1）总经理亲自嘉奖，公开表彰。

（2）通过评选或竞赛活动确定荣誉的获得者，不搞论资排辈，不实行"轮流制"。

（3）荣誉奖项多，如终身荣誉奖、总经理特殊贡献奖、总经理嘉奖令、先进集体、先进个人、十佳优秀服务窗口和十佳优秀服务标兵等。

首先，每个人都有荣誉感，有的时候，领导当面嘉许一位员工，会促使他产生巨大的力量，并做出更多业绩。斯大林是最善于运用荣誉激励艺术的军事家之一。他对任何荣立战功的部队，上自元帅，下至士兵，无不给予相应荣誉。在反法西斯战争期间，对立功部队的指挥员及其领导人，除颁发由他亲手签发的嘉奖令外，还通过莫斯科电台向全世界播放，对有功部队和全军将士起了激励作用。

其次，颁发荣誉是为了奖励先进，表彰贡献，鼓舞士气，荣誉是一种激励。既然是奖励先进，就不能实行平均主义。不幸的是，很多企业的荣誉常常是轮流制，"荣誉轮流坐，本月到我家"。这种荣誉几乎毫无意义。人保公司却不这样，而是有针对性地开展"先进集体"、"先进单位"和"先进个人"等评选活动，也开展"十佳优秀服务窗口"和"十佳优秀服务标兵"等竞赛活动。通过公正的评选和公开的竞赛，使优秀员工脱颖而出。

最后，荣誉奖项不怕多。公司根据不同的实际情况设立各种不同的荣誉，以期达到最大化激励员工增加公司绩效的目的。

2014年6月16日，曲庆武总经理向公司人力资源部/教育培训部签发了第一号总经理嘉奖令，通令嘉奖该部门在人才队伍建设和员工培训方面做出的突出贡献，如图 6-2 所示。

图 6-2 曲庆武总经理创新激励手段，颁发第一号嘉奖令

嘉奖令上写道："5·12"会议以来，人力资源部/教育培训部深刻践行"树正气，用能人，明赏罚"的用人理念，大力弘扬公司文化与核心价值观，传导正能量。在干部队伍建设、教育与培训、人才招录等工作中，认真贯彻执行公司党委的决议，坚持原则，敢于负责，谨遵公平、公开、公正的原则，为实现公司经营管理根本性好转做出了突出贡献。

公司还将第一号"总经理嘉奖令"陈列在荣誉室里，意在号召各单位及全体员工向获誉部门学习，学习他们坚持原则、敢于负责和执行有力的工作作风，起到振奋人心和鼓舞士气的激励作用。

每当谈到激励，很多人都会想到"薪酬"和"奖金"。这些固然重要，但是，作为管理者，还必须掌握其他的激励方法，特别是那些无"薪"激励。虽然金钱是激励员工的主要因素，一份丰厚的报酬对吸引、留住优秀的人才的确非常重要，但在实践中，金钱所起到的激励作用只是短暂的，而管理者希望激励所起到的作用却是长期性的。卡耐基曾指出，为人处世基本技巧的第一条是"不要过分批评、指责和抱怨"，第二条是"表现真诚的赞扬和欣赏"。这两条技巧亦是荣誉激励的精髓，作为管理者，尤其应该掌握。

蜂与哲：

虽然蜂王贵为至尊，但它并不依赖权力和地位来奴役、约束和惩戒"臣民"，而它的"臣民"在没有任何督促的情况下，完全自觉尽心地为它"卖命"。归根结底，对于群居的蜜蜂来说，失去群体就意味着失去生命，而拥有群体则拥有一切，每一只蜜蜂都拥有强烈的集体荣誉感。荣誉感是一个团队的灵魂。每一个企业都应该唤起员工对岗位和公司的荣誉感，对自己的工作引以为荣，对自己的公司引以为荣。在争取荣誉、创造荣誉、捍卫荣誉、保持荣誉的过程中，员工也会不知不觉地融入集体之中，焕发出无比的工作热情。

第二节　品德胜于能力

2009 年，公司提出"品德胜于能力"的选才标准。品德胜于能力，即首先看中的是一个人的品德，其次考虑这个人的能力。这里的品德被公司解析为"六种意识"和"六个表率"，如表 6–1 所示。

表 6–1　品德解析

六种意识	六个表率
责任意识	做敢于负责、勇挑重担的表率
大局意识	做心系长远、甘于奉献的表率
团队意识	做团结协作、统筹协调的表率
服务意识	做以诚待人、文明礼貌的表率
制度意识	做执行有力、按章办事的表率
能人意识	做勤奋好学、科技兴司的表率

从公司的品德解析表可以看出，公司将责任放在第一位，即责任是员工最重要的品德。为此，曲庆武总经理在 2009 年 10 月 9 日的公

司机关全体会议上说："在责任和能力的天平上，'责任胜于能力'，'没有做不好的工作，只有不负责任的人'。只要有了责任意识，任何工作都能化为一种动力，都会达到所追求的目标。所以，公司员工必须时刻谨记和严守'六不准'。"

一是不准在工作中推诿扯皮，敷衍塞责，不听指挥，没有反馈，贻误工作。

二是不准违反工作程序，有章不循，我行我素，擅做主张，越权表态。

三是不准利用职务或工作之便，"吃拿卡要"，牟取私利，有令不行，有禁不止。

四是不准发表不负责任的言论，主观臆断，混淆视听，造谣传谣，搬弄是非。

五是不准工作时间做与工作无关的事情，如网上游戏、炒股聊天、煲电话粥、聚众打牌等。

六是不准泄露公司商业秘密，如同业兼职，不得从事损害公司利益、有损公司形象等的不良行为。

公司副总经理刘艳萍讲述过这样一件事："公司曾招录过一名国内顶级大学的法律系硕士，此人能力非常强，但在与她接触时发现她没有责任心，因此公司决定不再聘用她。也因为此事，该名员工要求公司给予赔偿。但无论赔偿多少钱，公司都坚决不会聘用像她这样品德不好的人。"

曲庆武总经理在一次谈话中，将选才比喻为穿衣服扣纽扣，他说，品德就是第一粒纽扣。如果第一颗纽扣扣错了，剩下的纽扣想不扣错都难，接下来就会"一错到底"。而只有当你扣到最后一颗的时候，才知道，从一开始就错了。这时，你必须要将之前的扣子一颗颗解开，为之前犯下的错误买单，才能将纽扣扣好。

除了在招聘时注重员工的品德，公司选拔任用领导干部时也是坚持品德为先，其次才看业绩和能力。作为国有大型保险骨干企业，公司尤为重视各级领导干部的品德修养。这样做一方面是为了"修己"。以"修己"作为管理的主要方法，这是以儒家道德至上论为基础的。"是故君子先慎乎德。有德此有人，有人此有土，有土此有财，有财此有用。德者本也，财者末也。"有了德，财、用就都有了，这就是德的妙用。另一方面是为了率先垂范。唐太宗李世民对这种示范作用认识相当清楚，曾说过"尧、舜率天下以仁，而人从之；桀、纣率天下以暴，而人从之。下之所行，皆从上之所好"。意思是说，尧舜以仁义治天下，人们都跟随他行善；桀纣以残暴治天下，人们都跟随他作恶。下属所做的，都是跟随上司的喜好。其实，就是一句话，上级希望部属有什么样的表现，就要在他们面前做出同样的表现。曲庆武总经理更是深谙此道，他在上任后的第一次民主生活会上就明确指出，公司的每位班子成员都要努力做一名品格高尚的管理者，并明令规定高级业务主管必须是敬业、合作和德才兼备之人。

但丁曾说，"道德常常能填补智慧的缺陷，而智慧永远填补不了道德的缺陷"。曲庆武总经理提出"有德有才的必受重用，有德无才的培养使用，有才无德的限制录用，无德无才的坚决不用"的选才用才理念。

蜂与哲：

蜜蜂采集许多花，精心酿出甜美的蜂蜜。它们尽心尽责、吃苦耐劳、团结协作、无私奉献，正因为具备这些高尚的品德，它们才为自己酿出甜蜜的生活，得以生存和繁衍，生生不息。正因为具备这些高尚的品德，它们才酿造出甘甜的蜂蜜，赢得人们的喜爱和赞赏。然而，许多企业总是片面地强调能力，忽视品德。的确，高尚的品德似乎不能直接创造效益。但是，没有高尚的品德，有再强的能力，也没有企业敢用，因为没有人知道品德不好的人会带来什么后果。所以，企业要重视一个人的品德。

第三节 用一个人要看他能做什么

　　用才是优秀管理者的一项基本职责。那如何用人呢？曲庆武总经理说："用一个人不是看他不能做什么，而是看他能做什么。"这是公司的用人标准。

　　清代诗人顾嗣协曾用一首诗道出了用人的真知灼见："骏马能历险，犁田不如牛。坚车能载重，渡河不如舟。舍长以就短，智者难为谋。生材贵适用，慎勿多苛求。"也就是说，尺有所短寸有所长。用人亦是如此。如果"策之不以其道"，就容易犯"天下无马"的错误。

　　德鲁克说，作为一名有效的管理者，为了取得工作成果，必须要用人所长，不仅用同事、下属的长处，还要用自己的长处。作为管理者，你可以不知道下属的短处，却不能不知道下属的长处。

　　公司把人才放到适合他的岗位上，他就是一条龙；把人才放到不适合的岗位上，他就是一条虫。所以，用人要学木匠，块块材料都有用。作为一名管理者，倘若你的员工是急性子，你就应该看到他的行动力；倘若他是慢性子，你就应该看到他的淡定力；倘若他很强势，你就应该看到他的决断力；倘若他说话拐弯抹角，你就应该看到他的缜密力。玉无完玉，人无完人，管理者要看到员工的长处，并善于任用他的长处。

　　蜂与哲：

　　蜜蜂内部机构精练，分工明确，充分给每只蜜蜂提供展现自己能力的工作平台：蜂王产卵，"保姆蜂"看护幼虫，"建筑蜂"修筑巢穴，"兵蜂"抵御外敌，"侦查蜂"探测蜜源，"采蜜蜂"采蜜……尽管一个蜂群的蜜蜂众多，但由于它们都做自己擅长的事，故而蜂尽其才，各尽其能。管理者用人也要如此，用人所长，容人所短。

第四节　为明天储备竞争力

人力资源是公司的第一资源，培训则是增值人力资本的重要手段。曲庆武总经理说，"培训是投资不是成本，是在为明天储备竞争力"。这是辽宁人保公司的培训观。如果把培训看作成本，当然成本越低越好；如果把培训看成是投资，那未来定会看到投资的收益。

2011 年新员工培训期间，有一位学员在反馈表上是这样留言的：

从 10 月 30 日开班到现在，已经是第六天了，我相信每一位学员都收获了很多。然而，在每一次成功的培训背后，是公司工作人员的辛苦付出，从安排培训课程、联络培训师到为来自全省各市的学员安排住宿，从讲师话筒里的电池到每张桌子上热气腾腾的咖啡，无不倾注了他们的心血。这一切，都是为了我们每一位新员工能够感受到公司的温暖，尽快融入公司这个大家庭。在此，对公司领导和人力资源部/教育培训部为我们所做的一切表示真诚的感谢！请相信，我们会为公司创造更美好的未来！

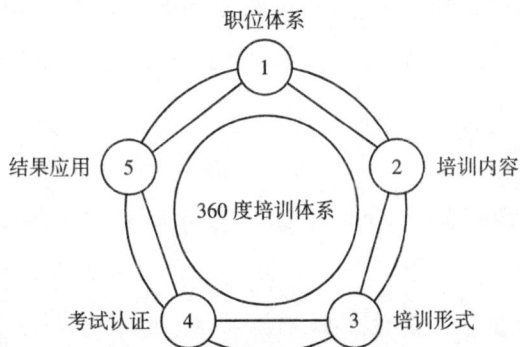

图 6-3　公司的培训体系

公司从新员工入司开始就为其提供随着职业生涯发展的动态培训，2009~2014 年，公司举办各类主要培训班，基本做到了"全年天天有培训"。公司的培训遵循闭环原则，如图 6-3 所示，即以职位体系及能力素质模型为出发点，设计基于岗位的培训课程包，对应培训手段及形式，规定考试方式及认证要求，明确考核结果在员工岗位任职和职位发展的运用要求，形成围绕职位体系的培训闭环运作与管理体系。相比于别的企业，公司的培训有五大特点：办好"两校"、"5+1"培训模式、人人都是内训师、逢训必考和培训换积分。

办好"两校"

为了保持人才队伍的整体活力，公司建立了定期轮岗交流制度，将公司机关作为新提拔地市干部的"党校"，将基层单位作为公司机关干部的"黄埔军校"和培训基地。2009~2013 年，全省系统干部上下交流 71 人次，市公司中没有省公司机关工作经历的新任班子成员 23 人在省公司接受了为期一个月的党校培训，省公司 21 名中青年员工在基层接受了锻炼。

有一位地市分公司的管理者在"党校"培训总结中写道：

根据公司安排部署，2013 年 10 月 9 日至 11 月 1 日，我有幸到省公司机关接受了近 1 个月的交流学习。对于个人来说，我首先认识到这是一次形式新颖、利于培养锻炼自己的难得的学习机会，从中受益匪浅，学到了很多以前没有接触过的知识；同时，在理论上使自己得到了进一步的充实，开阔了视野，在思想上也有了新的飞跃，认识上有了更大的提高。

通过轮岗交流学习，让我认识到了自身工作与公司要求的差距和不足，今后我将做好以下几项工作：一是将这次交流所学到的东西始终贯穿于今后的各项工作之中；二是围绕所分管的业务，强化实践创新能力；三是努力锤炼务实的作风。

轮岗交流有利于在实践中锻炼员工、提高员工的适应能力。员工到了一个新的部门，面对新的环境、新的任务，会促使其自觉地提高适应新环境的应变能力，努力研究新情况、解决新问题，在新的工作中获得新知识、增长新才干。

"5+1"培训

"5+1"的培训模式，即1天集中培训，5天驻点辅导。集中培训，主要由北京零点咨询公司进行讲解，以新颖的互动授课方式进行培训。驻点辅导，主要由实战型资深讲师驻点到服务一线（出单中心、理赔中心）进行现场观察和培训，以情景再现方式进行现场模拟演练并进行点评与讲解。

2014年8月10日至22日，公司聘请北京零点咨询公司专家开展了两期服务品质提升驻点辅导培训。参加培训的包括全省系统客服、出单、理赔、电网销相关日常直接面向客户提供服务的一线员工共计200余人。

培训采用互动的授课形式，内容丰富多彩、注重实效，培训专业老师通过一周的全程跟踪指导，在职场环境、仪容仪表、服务技能、标准话术以及晨夕会、例会模式等方面，进行了多维度全面教学与辅导。参训员工态度端正，与辅导老师积极配合，坚持"5+1、白加黑"每天约12小时的辛苦付出，展现出了高度的责任心和敬业精神。全方位、多角度的培训方式深受学员的好评，使一线员工对如何提升服务品质有了新的认识、新的理解。

"5+1"的培训模式集驻点辅导和集中培训于一体，可以实现从理论知识到实践操作的无缝式链接。

人人都是内训师

培训师分为两种，一种是外部聘请的专家或教授，他们可以为公司带来新的思维；另一种是内部培育的教师，他们可以把自己的工作经验、心得和体会与工作中面临的实际问题很好地联系起来，也可以借助培训这个平台提升自己。所以，公司除了从外部聘请培训师之外，更要重视培养内部培训师。

公司提倡"人人都是内训师"，只要是有闪光点的员工都可以成长为内训师，为其他员工甚至领导传授知识。

2012 年 8 月 27 日，公司第二期新入司员工岗前培训班结束。共110 余人完成了培训班规定课程的学习，顺利毕业。

此次培训邀请了公司多个部门的内训师授课。培训课程安排紧凑，内容丰富，包括《公司战略宣导》、《PICC 财务基础知识》和《商务礼仪与有效沟通》等课程。内训师们多采用案例教学的形式，兼具专业性和生动性，让新员工对公司业务有了系统和全面的了解。

采用内训师授课既丰富了培训内容，开阔了学员的视野，也为广大内训师提供了锻炼和成长的平台。

那么，如何才能成为内训师呢?

公司采取两项措施选拔内训师：一是层层筛选。个人报名，单位/部门推荐，人力资源部门把关，从源头上把控内训师选拔的质量。二是坚持标准。在内训师现场选拔中，从自我介绍、课程演示及评委问答等环节，坚持评分标准，确保选拔工作的客观公正。

公司的内训师队伍建设取得了阶段性成果，并得到总公司的高度认可。在 2014 年的全系统兼职培训师聘期考评工作中，辽宁省共有七名同志被续聘为总公司兼职培训师。

内训师队伍在熟悉自己相关业务的同时，可以为其他员工讲授和分享自己的知识，这有利于使培训效益最大化，也可以实现资源共享。

逢训必考

为了保证培训质量，公司坚持"逢训必考、逢训必评"的原则。每次培训过后，公司都会安排考试，第一时间了解参训学员对课程的掌握情况。公司还采用调查问卷，请学员对课程和讲师等方面进行反馈评估，征求意见和建议，以便在下一次的培训中加以改进。

2012 年 7 月 22~23 日，公司以全省上半年经营形势分析会暨车险业务发展研讨会，举办了"以会代训"，公司领导班子成员和机关各部门负责人近 70 人参加了培训。以会代训是公司根据实际情况组织的会议配套性培训。每逢省保会、半年会和季度会等重要会议，公司都会拿出三分之一以上的时间进行培训。

此次培训包括三方面的内容：一是财务会计部做非财务经理的财务管理知识讲座，教会学员如何站在财务的视角去了解企业；二是监察部/法律部/合规部做法律及合规知识讲座，形式新颖、内容活泼，通过案例教学引导大家对实际问题深入思考；三是聘请辽宁省委正处级巡视专员刘兴波作题为《关于企业文化与执行力建设》的讲座，使学员进一步转变思想观念，增强贯彻执行公司各项战略举措的意识和能力。

根据"逢训必考"和"逢训必评"的原则，包含公司领导班子在内的所有参训人员都要参加考试和评估，考试成绩会当场张榜公布。

"逢训必考"可以"以考促学，以考促能"，也可以提高员工对培训的重视程度。考试是一种导向，有利于强化培训意识，增强对培训制度的敬畏感与贯彻落实的执行力；考试是一种激励，有助于克服惰性，"逼"着大家努力去重视培训；考试是一种检验，便于真实了解员工对培训知识的掌握程度。

培训换积分

培训换积分，顾名思义是通过培训换取积分。公司规定：每个培训项目的基础积分按课时计算，1个课时换1个积分；半天培训按3个课时计算，积分为3分。培训积分由员工个人在签到簿上签到，培训结束后，经人力资源/教育培训部确认后予以赋分。

培训换积分是对员工培训的一种激励手段。因为企业培训的对象主要是成年人，培训不是简单的"你教我学"，而是要建立一个能够充分激发员工活力的人才培训激励机制。通过激励手段在企业内部建立起员工自发学习的组织氛围，可以培养员工自我学习的意识，确保培训真正达到应有的效果。所以，公司为了鼓励员工参与培训、自发培训，制定了培训换积分的激励制度。

那么，换取的积分有什么作用？其一，公司将员工的个人培训积分按年度累计，作为员工年度绩效考核的一项内容。培训积分给了员工学习积极性一个量化的指标，这也让人力资源部的培训考核变得更加容易。其二，培训积分作为员工评选先进个人的参考，部门积分排名作为年终先进单位考评的参考。其三，员工获得的积分可按一定比例兑换等值奖金的奖励，如书籍或学习用品。

培训积分制度的优点是显而易见的。一是充分调动了每位员工的积极性，使员工有更强的主动参与意识，变"要我学"为"我要学"；二是能营造团队内部非常强烈的学习气氛和学习环境，对员工施加良性的学习压力，让学习成为每位员工的第一需求。

蜂与哲：

羽化后约7天的工蜂和雄蜂需要出巢作"认巢飞行"。通常，新蜂成批涌出巢外，头朝巢门，时高时低，飞翔一阵后，便纷纷归巢。往后，认巢飞翔的时间逐渐加长，范围愈加扩大。经过数次认巢飞行之后，才从事采集活动。对蜜蜂来说，认巢这种本能也需要经过不断的培训，何况人需要后天的培训才能掌握工作这种技能呢？因此，每个企业都应该重视对员工的培训，让员工在培训中不断增长技能，掌握本领。

第五节 "青苹果"理论——敢用年轻人

曲庆武总经理在人才晋升方面有其独特的理念，他不论资排辈，也不任人唯亲，而是提出"苹果应该在青的时候就运输，成熟之后再运输就来不及了。"这就是他的"青苹果"理论。

公司船货险的副总经理是 80 后，在进入省公司机关之前，是地市分公司的一名普通员工，2009 年通过系统内部遴选进入省公司机关。2012 年，她通过优异的笔试和面试成绩成功竞聘部门总经理助理。她说："竞聘那年有八名候选人，但录用名额只有一个。没想到，居然是我被录用了。当时我心里很不安，因为其他七人的资历都比我老。按照我当时的想法，我觉得怎么也排不上我，感觉录用这件事特别不真实。所以，我就找曲庆武总经理谈了心里的想法，一方面表达我的不安，另一方面也表示我的感激之情。当时，曲庆武总经理亲切地对我说'苹果成熟之后再运输就来不及了，应该在苹果青的时候就运输。'后来我才知道，公司在晋升的时候从来不是论资排辈，而是遵循曲庆武总经理的'青苹果'理论。最后，我想说，感恩公司'树正气、用能人、明赏罚'的用人理念，作为人保人，尤其是辽宁人保公司的一名员工，我很幸福；感谢公司多年来的培养，是公司这方热土培育了我，使我成功实现了从普通员工到业务骨干的转变。"

曲庆武总经理认为人才晋升不可论资排辈，而应该多给年轻人机会。年轻人也许经验不足，那就给他们提供机会，让他们接受锻炼，充实他们的经验；年轻人也许总爱犯错误，但是谁年轻的时候没有犯过错误，为什么就不准现在的年轻人犯错误呢？因此，曲庆武总经理不问出处，敢于重用年轻人。例如，信息技术部副总经理年仅 32 岁，船货险总经理助理 33 岁，葫芦岛市分公司的副总经理 31 岁，省公司营业部副总经理 32 岁。

曲庆武总经理在 "5·12" 会议上强调要建设 "四化" 领导班子，即领导干部要知识化、专业化、技能化和年轻化。公司通过各种培训实现了领导干部的知识化、专业化和技能化，而只有通过重用年轻人，才能实现干部队伍的年轻化。因此，公司明确提出 "推进领导班子年轻化建设，原则上，地市班子中要配备一名 35 岁以下的成员；对于业绩突出、群众认可的市公司领导班子成员和省公司中层，原则上不再受男 55 周岁、女 50 周岁的任职年龄限制"。

2013 年 12 月 26 日，公司举行了竞聘大会，一位 60 后员工在参加竞聘后写了如下的感悟：

竞聘大会虽然已经结束，但定格在那一刻的精彩瞬间，必将成为我们明天无法忘却的美好回忆和今天为之继续奋斗的动力！

与 70 后、80 后同台演讲，使我感受到了后生可畏。他们绚烂的文字风采、大气成熟的演讲风格，让我看到了新一代保险人的崛起，看到了公司明天的希望所在。曲庆武总经理所倡导的 "青苹果" 理论，为有作为积极向上的年轻人搭建了丰富多彩、展示自我的平台，假以时日，他们注定会羽翼丰满、强壮，一飞冲天。有了他们这些生力军——公司再次腾飞的助推器，我相信，我们公司的明天会更加壮丽辉煌！

2009 年，王石在华中科技大学讲过 "一定要重用年轻人"。王石反对一些企业不重视年轻人的做法。他说："80 后、90 后与我们这些50 后之间有很深的代沟，人家想什么你根本不知道，你怎么领导他们。企业一定要敢用年轻人，否则是很危险的。"

蜂与哲：

蜂王是整个蜂群的首领，它产卵能力的好与坏决定着整个蜂群的命运。蜜蜂也是一个多年生群体，将会不断地有新蜂王被抚养起来。在新蜂王交尾成功并正常产卵后，老蜂王便会带着一群工蜂离开蜂房到别的地方重建家园，慢慢地退出原来蜜蜂王国的历史舞台。这种做法保证了蜂群始终强盛。企业也应该这样，给有能力的年轻人施展才华的机会，这样才能保证企业的基业长青。

第六节　公司为你想到的是你自己没想到的

"5·12"会议上，曲庆武总经理明确提出，公司的宗旨是把员工利益作为最大利益，员工是公司最宝贵的资源，员工利益无小事。用员工的话来说就是"公司为你想到的是你自己没想到的"。试想一下，如果在这家公司上班，你是去还是留呢？据统计，公司2013年核心员工流失率仅为1.05%，那么，公司是如何留住人才的呢？

公司的留人举措有三种，即待遇留人、感情留人和事业留人，三者不可偏废，构成了留人的"铁三角"，如图6-4所示。

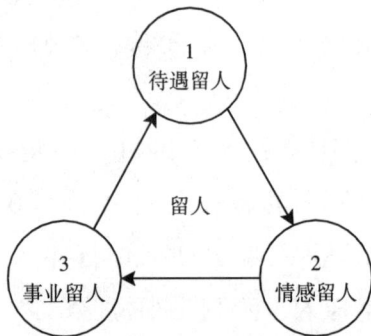

图6-4　留人"铁三角"

待遇留人，公司制订了"百万年薪"计划，让能人先富起来。

感情留人，公司全面推进员工幸福感工程，用感情留住员工的心。

事业留人，公司为员工搭建展现自我的舞台，将员工自我实现的需要作为最大的福利。

让能人先富起来

2012 年 12 月，曲庆武总经理在兰州市、乌鲁木齐市学习考察汇报会上说："公司正在制订'百万年薪'计划，其中心思想就是让业绩突出、为公司经营发展做出突出贡献的能人先富起来。公司要为员工搭建平台，让有志者梦想成真，衷心希望第一个百万富翁在沈阳地区诞生。"

马云说员工的离职原因很多，只有两点最真实：一是钱，没给到位；二是心，委屈了。所以，归根结底，要想留住员工，首先就要让员工觉得他的付出与他的工资匹配。公司的"百万年薪"计划一方面是为了打造"以业绩论英雄"的绩效文化，另一方面是为了让有能力的员工留下来。

这对有能力的员工特别有吸引力，可以让有能力的人先富起来，也可以让有能力的人留下来。提高待遇是留人的基本保障。人们的生活离不开衣食住行，每个人都希望生活得更好，这就需要足够的收入。

感情投资，留住人心

曲庆武总经理说："没有员工的满意，就不会有客户的满意；没有人心的凝聚，就没有公司的发展。"《孙子兵法》讲究"攻城为下，攻心为上"，经营企业也是如此，经营企业就是经营人心。日本麦当劳的原社长藤田田的信条是：为职工多花一点钱进行感情投资，如果可以收拢人心，那么绝对值得。感情投资、留住人心——能提高员工的幸福感，能留住员工的人和心。2013年12月2日，公司对全体员工进行了一次幸福感测评，此次参评率达92.19%，幸福指数81.6，超过年初预定的挑战目标。

感情是留才的重要纽带。金钱虽然重要，但很多时候，感情比金钱具有更大的吸引力。人非草木，孰能无情。如果一个公司为他的员工营造了一个和谐舒适的工作环境，让他们感觉到家的温馨，久而久之，员工定会对公司有着深厚的感情。

2011年7月1日，公司的"职工之家"投入使用。职工之家由五个分区组成：相片墙、荣誉展示、图书阅览、瑜伽和健身活动。

相片墙主要展示公司"5·12"会议以来的重大事件，包括合作交流区、发展印记区、温暖人保区和员工风采区四个分区。尤其是员工风采区，记录和展示了公司开展系统运动会、书法绘画摄影大赛、系统答谢汇报演出等文体活动的情景，展现了系统干部员工在文艺、体育领域的才华和特长。正如曲庆武总经理在2011年的工作报告中指出的，要将员工自我实现的需要作为最大福利，为员工提供展示风采、实现梦想的舞台。

荣誉展示区也就是荣誉室，主要展示公司获得的各种荣誉。

图书阅览区为员工提供了充实自我的小环境，在这里可以阅读到想看的书籍，公司也会定期更新藏书。

瑜伽和健身室虽然受空间限制，但是每天午间休息都有同事来健身、做瑜伽。

2014年3月4日，公司一楼的接待室以全新的面貌向全体员工开放。公司员工可以在工余时间在这里沟通交流、休闲放松，也为公司员工提供了一个体面的接待亲朋好友的地方。员工说："接待室扩建后，只要有人来看望我，我都会在接待室里接待他们。接待室给了我们一种自豪感和应有的尊重。"

"自我实现的需要" 作为员工最大的福利

组织不仅是员工"赚钱养家"的地方，更是员工学习成长和实现自我价值的地方。没有人愿意长期待在一家无法施展才华的公司，任何员工都不希望自己的前途看不到希望，尤其是当代的年轻人都希望展现自我、实现自我。所以，曲庆武总经理在关注员工薪资福利的同时，也重视员工的个人成长和自我实现。公司将"自我实现的需要"作为员工最大的福利，为员工搭建一个实现自我的舞台。

马斯洛需求层次的最高层次是"自我实现"，而辽宁人保公司给员工的最大福利就是帮助他们自我实现，使他们成为想成为并能够成为的人。对公司和管理者来说，这是留下员工的最好手段。公司为员工开展各种各样的培训，包括员工岗位、专业技能、沟通能力、协调能力和管理能力等方面的培训，让他们在工作中学有所得、学有所用。一名在理赔岗位做了六年的员工说，"六年的理赔工作，工作中的点滴让我成长"，他还为此写了一首特别贴切的打油诗：

理赔工作真是忙，一年到头加班狂；

有事冲在第一线，有活就往肩上扛；

有人说咋那么傻，我说我爱这一行。

入司六年以来，我在工作中一步步成长，从一名青涩的大学毕业生到逐渐成熟的理赔人员，我和其他同仁一样见证着公司这几年的变化。每一位员工所创造出的价值是有限的，而公司把所有员工创造的价值凝聚在一起，它所散发的潜力却是无限的。在这个崭新而日渐完美的集体里，让我们毫无保留地把自己的潜能发挥出来，创造价值，实现自我！

公司和员工以双方相互的责任和义务为基石，就像一艘轮船，公司是船，员工是帆；公司给了员工物质上和非物质上的需求，那么，员工同样会付出自己的汗水为公司创造价值、赢取利润。正如一位员工所说："在这里工作有一种家的感觉。这种感觉让我愿意留在公司工作，不计较付出与回报，这同时也带给我源源不断的快乐。"

员工是企业中最宝贵的财富，也是生产要素中最活跃的分子，一个公司必须留住人才，为明天储备竞争力。人才留得住，企业发展才能可持续。所以，如何留住人才是每一个公司都必须思考的问题。

蜂与哲：

每一只蜜蜂都忠诚于自己的蜂群，热爱工作，将工作放在了生命的第一位，是不折不扣的"工作狂"。它们每天要采上万朵花来收集花蜜。蜜蜂从出生 12~19 天起就开始工作直到死亡。企业要想留住人才，并让他们像蜜蜂一样忠诚工作，就需要关注员工的需要，从不同的角度来为员工谋福利。真正的好企业不仅是员工赚钱的地方，更是员工寄托感情和自我实现的地方。

第七节　"721"法则

"问渠那得清如许，为有源头活水来。"相对于不变来说，变才是更为永恒的。水越流越清，人才也应越流动越发挥作用，所以企业不仅要"留才"，更要"流才"。让人才流动起来，才能让他们在不断的历练和选择中找到真正适合自己的工作，进而为之努力不休。但是，如何才能把握人才的合理有序流动呢？

曲庆武总经理在"5·12"会议上首次提出在公司理赔战线上实行"721"法则，目的就是做好人才的流动，促进企业人才的新陈代谢，形成人才的良性流动机制，保持人才队伍的最优化，如图 6-5 所示。所谓"7"是指针对 70%的合格员工，给予一定的肯定与激励，并对其进行培训，促使他们进一步发展和提高；所谓"2"是指针对 20%的优秀员工予以重用，并在精神和物质上给予奖赏；所谓"1"是指必须更新10%不合格的员工，将他们调离理赔中心，为优秀的员工提供位置。2009年以来，公司坚持"721"管理，经过公平、公正、公开的严格考核，理赔和出单中心分别有165人、81人被解除劳动合同。

蜂与哲：

工蜂按生理状况和职能分为四个阶段，第一阶段为幼龄蜂：担任保温、清巢和照顾幼虫等工作。第二阶段为青年蜂：主要担任内勤工作。第三阶段为壮年蜂：主要从事外勤采集工作。第四阶段为老蜂：担任采水和部分采蜜、采粉工作。同一巢中的工蜂，会因年龄不同而担任不同的职责。企业也应如此，用动态的眼光来看待人才，从而让企业保持活力。

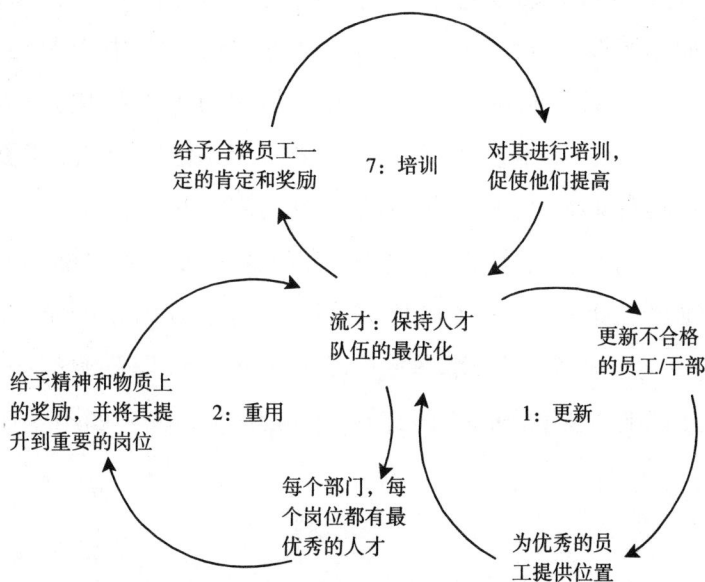

图 6-5 流才"721"法则

第七章　战略

　　战略对于任何一个企业而言都至关重要，公司制定了前瞻者战略。作为辽宁财险市场的主导者，只有前瞻者战略才能确保公司走在市场的最前面，做一个领导者，而非追随者。

　　前瞻者战略的实现得益于公司的能力和资源战略。公司从能力战略出发，加强了学习力、生产力和制度力建设，其中学习力不断提升公司能力，生产力不断优化公司能力，制度力不断强化公司能力；从资源战略出发构建了本质资源战略、技术资源战略和管理资源战略，其中本质资源战略确保本质资源的高效利用，技术资源战略实现技术资源的前瞻引用，管理资源战略实现管理资源的充分挖掘。

　　两个维度，即能力战略和资源战略，六个方面，即学习力、生产力、制度力、本质资源战略、技术资源战略和管理资源战略之间相辅相成，相互影响，共同确保公司前瞻者战略的实现。如图7-1所示。

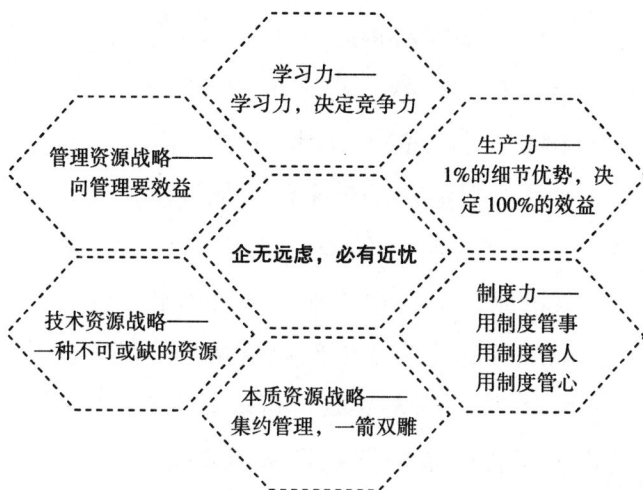

图 7-1 战略蜂巢

第一节 企无远虑，必有近忧

"人无远虑，必有近忧"，对企业而言同样如此，"企无远虑，必有近忧"。

未来学家托夫勒曾经说过："对没有战略的企业来说，就像在险恶气候中飞行的飞机，始终在气流中颠簸，在暴风雨中沉浮，最后很可能迷失方向，即使飞机不坠机，也不无耗尽燃料之虞。"所以企业要在激烈的市场竞争中求生存、谋发展，就必须自觉地从实际出发，对企业的未来做出总体运筹和谋划，制定并实施企业的发展战略。不同的企业选择的战略不尽相同，相关学者的研究表示企业会根据自身实力选择防御者战略、前瞻者战略、分析者战略或反应者战略。公司的战略就是前瞻者战略。前瞻者战略是一类强调"以变应变"的战略，它认为环境复杂变化，企业必须随之不断变革创新。

公司对外部环境的基本判断是"变"。

首先是市场环境存在变数，存在前所未有的为客户创造价值的新方法。2015年全国将推行车险费率市场化改革，实行商业车险费率自主拟定，这将会对整个财险市场带来巨大的波动。

其次是客户对新产品存在偏爱，竞争不仅存在于已有产品之间，也存在于不断出现的新产品上。公司一方面维护和巩固车险主导地位，另一方面也积极地进行商业模式创新以获取更多的非车险业务。

最后是竞争对手存在很大变数，行业壁垒不太高，突变性技术或全新的商业模式可能会给整个行业带来重新洗牌式的变革效果，竞争对手行动的可预见性低。据统计，2009年至今，辽宁市场的财险公司已经从不足10家增加到目前的24家，以平安、太平洋为首的财险公司正在冲击着公司的霸主地位。

公司的前瞻者战略要求公司对一直在"变"的外界环境主动应对，寻找破解之道。针对市场环境变幻莫测的现实，公司提倡思维创新，改变工作方法，用创新的方式来为客户创造更多的价值。根据客户对产品的偏好，公司在产品方面不断推陈出新，以满足客户的个性化需求。面对竞争对手的紧逼，公司果断出击，创新经营模式，2010年针对电网销业务发展趋势，战略性地提出"谁能预见未来，谁就能主宰未来"的思路；2012年创新商业模式，率先在系统内实施副省级城市"商业非车险专业改革"；2013年运用互联网思维，快人一步打造电子商务平台，深化发展车联网和物联网与保险的融合。

2014年10月23日，国内保险行业一年一度的"中国保险创新大奖"评选结果在第七届中国保险文化与品牌创新论坛暨第九届中国保险创新大奖颁奖盛典活动上揭晓，中国人民财产保险股份有限公司荣获"年度最具影响力保险品牌"等19项大奖。公司也为19项大奖贡献了一份自己的力量。

公司推荐的与代理商共同开发的《阶段性车险业务推动方案》获第九届中国保险创新大奖"产品行销类"奖项。该奖项成为全国渠道条线获奖两个方案之一，也是公司首次在保险创新大奖中斩获殊荣。

在中国转型经济背景下，一个选择前瞻者战略的企业在吸引客户和与竞争者争夺市场方面都会有一定的优势。在中国市场上，选择前瞻者战略的企业将复杂多变的市场和顾客信息更多地看作机遇而不是威胁，它们会采取进取型的措施而不仅仅是适应性战略，因此，这些企业是有"勇气"的。这些企业会在这种"勇气"驱动下，尽可能地尝试各种产品革新或提供新颖的服务以满足客户不断变化的需要，同时也会努力采取各种创新性的竞争策略以保持其领先的市场地位。

蜂与哲：

"蜜蜂不出巢，半夜雨来到"，这句话的言外之意就是说蜜蜂能够预期天气的各种变化，并迅速做出相应的反应。另外，在蜜粉源到来前三四十天内，蜜蜂也会加快其繁殖速度，以应对即将到来的繁重采蜜工作。可以说，蜜蜂会提前对周围的环境进行预判，根据环境的变化及时调整，以适应变化的环境。蜜蜂如此，企业亦应如此。在变幻莫测的环境中，一个企业如果不对未来提前做预判并提前准备，那么它的忧虑就会很快到来。企业要想在竞争中立于不败之地，就要具备前瞻者战略，先对手而变，先市场而变，先环境而变。

第二节 学习力，决定竞争力

《第五项修炼》开山祖师彼得·圣吉曾说过，"未来唯一持久的竞争优势是有能力比你的竞争对手学习得更快"。鉴于此，公司竭力打造学习型组织，培养员工和公司的学习力，因为"学习力决定竞争力"。公司积极采取措施，营造良好的学习环境，鼓励多元化学习行为的发生，促进学习形态多样化，形成了具有公司特色的学习方法和工具体系，即以"总经理室带头讲课"为精神，以"团队学习实验室"为工具，开展"周末讲堂"和"共享课堂"等多样化的学习形式。曲庆武总经理在谈到学习时说："企业最终的竞争优势表现为强大的组织学习能力和将知识迅速转化为行动的能力。学习型组织建设的过程，也是员工提升自身素质、实现自我价值、在工作中体验生命意义的过程。"

2014 年 10 月 27 日，辽宁人保公司"上海明德学习型组织研究所辽宁分所"揭牌，成为国内保险行业的第一家企业分所，并率先将"服务客户"理念纳入学习型组织创建，如图 7-2 所示。

图 7-2　打造学习力，上海明德学习型组织研究所辽宁分所成立

近五年来，公司将员工培训视为投资，将推进建设学习型组织、推广团队学习实验室作为更新员工观念、提升公司竞争力的重要手段，为明天储备竞争力。截止到 2014 年 10 月底，公司已开展大规模团队学习实验室近 40 期，覆盖面超过 1100 人次。公司还被上海明德评价为"创建学习型组织的典范"，主要工作也被引用为经典案例。所以说，公司成立"上海明德学习型组织研究所辽宁分所"是公司学习型组织建设的升华。

学习型组织的建设不在于员工学到什么具体的知识，而在于培养员工的学习能力，以解决工作中遇到的困难。用曲庆武总经理的话说就是："开展学习型组织建设，终极目的是找到解决问题的方法和路径。学习的目的在于学习之外，而不在于学习本身。"

对于不同的企业，打造学习型组织的方法也各不相同，有的提倡招聘高学历人才，有的提倡向书本学习，还有的将工作和学习区分开，工作就是工作，学习就是学习。而公司在打造学习型组织的过程中提倡"学力比学历重要"，"向书本学习不如向社会学习和世人学习"和"学习工作化、工作学习化"。曲庆武总经理在 2010 年全省工作会议上讲道："学习成就未来，我们可以没有学历，但不能没有学习力。需求决定身份，学习决定未来，向书本学习不如向社会学习和世人学习。未来的文盲不是不识字的人，而是没有学会怎样学习的人。"

学力比学历重要

20 世纪 80 年代，重要的是文凭；90 年代，重要的是经验；21 世纪赋予学习至高无上的价值，最受欢迎的是有学习力的员工。比尔·盖茨虽从哈佛大学辍学却创造了世界首富的奇迹，他说，"你可以离开学校，但你不可以离开学习"。的确如此，知识经济时代意味着"学力"已经取代了"学历"。

一方面，公司强调学习无处不在，积极倡导"非正式学习"。非正式学习，指无处不在的生活过程中、工作过程中的各种形式的学习，如交谈、切磋、岗位间的交流、看报、读书、行动中的学习等。同时公司还鼓励开展跨部门的"无边界学习"，对共同感兴趣的问题一起学习研讨，没有直接领导的约束，自由交流。另一方面，公司更是将提高员工的学习力作为打造公司强大学习力的基础，致力于形成学习氛围以及对员工学习力的培育。公司采取多种形式来提高员工的学习力，如管理者带头讲课、团队学习实验室。

2010 年 3 月 10 日，"团队学习实验室"在公司正式开办，标志着"团队学习实验室"培训模式在公司的全面推广。

为了很好地完成"团队学习实验室"培训工作，公司特意从上海明德学习型组织研究所请来了王伟教授。在培训课上王教授给出一个个案例，启发学员之间相互交流自己的观点和看法，审视自己的心智模式，换位思考，加强有效沟通。培训的过程中团队成员之间的配合贯穿了学习的始终，在制作"因果环路图"和"团队协作矩阵"等模型时，每个团队的学员均能积极参与，合理分工，展开充分的思想交流，集思广益，群策群力地完成试验成果。"团队学习实验室"的培训模式使学员从"旁观者"转变为"参与者"，实现了心灵与思维模式的碰撞。甚至在培训结束后，曲庆武总经理更是以"学习伙伴"的身份，与每位学员亲切交谈，如图7-3所示。

图7-3　曲庆武总经理带头参加省公司第一期团队实验室培训班，并积极互动交流

"团队学习实验室"自2009年正式在公司推广以来，很快在2011年基本完成了对省市县三级管理岗位的推广。目前"团队学习实验室"仍然是公司培育员工学习力、打造学习型组织的有力工具。

学习力是把知识资源转化为知识资本的能力。学习力是一切能力之母，学习力决定了学习速度，学习速度决定了组织的适应与生存，进而决定了组织的成败与兴衰。

美国恩科系统公司信奉的企业信条是"在未来的商场中，不再是大吃小，而是快吃慢"。该企业还给出了学习力的公式：

L（学习速度）≥C（变化速度）；

如果L（学习速度）<C（变化速度）=D（死亡）。

意思是学习的速度跟不上环境变化的速度就等于死亡。

当今世界千变万化，谁学得快、学得多，谁就能获得竞争优势，谁就能胜利。杰克·韦尔奇曾说："你可以拒绝学习，但你的竞争对手不会！"所以，现代企业拼的是学习力，学得快才能干得好，才会获得竞争力。

向书本学习，不如向社会和世人学习

很多企业为了督促员工学习，提倡员工向书本学习，鼓励员工多读书，读好书，企业老总向员工赠送书籍的事件屡见不鲜。而唯独曲庆武总经理例外。曲庆武总经理虽鼓励员工读有字之书，更倡导员工要读无字之书，并在公司营造了"向书本学习，更要向社会学习，向世人学习"的学习文化。正所谓，读万卷书不如行万里路，行万里路不如阅人无数，阅人无数不如名师指路。

读有字之书指的是学习书本知识、阅读网上资料等。读无字之书指的是社会经验、人文素养、现代文明、时代精神和与人的交流等。读无字书要善于向社会和世人学习。世事洞明皆学问，人情练达即文章。所以，公司开展"移动课堂"，为员工搭建向社会和世人学习的平台，"移动课堂"是指公司每年会不定期组织员工去一些知名的企业参观学习。

2011年7月下旬，公司总经理成员、各市分公司主要负责人，以及公司各部门负责人一行40余人参观了辽宁省武警某部，进行实地考察，学习部队的先进管理经验，为公司治理提供借鉴，如图7-4所示。当天下午，公司一行又到东软总部参观。参观期间，东软集团人力资源总监李印杲为参会代表做了《东软的人力资源与组织核心竞争力》专题讲座，详细介绍了东软的人力资源考核管理模式，为公司的绩效考核提供了参考。

2014年2月，公司又组织地市分公司一把手和部分机关中层干部到海底捞参观体验。通过实地的参观和交流，让公司的领导干部切身

图 7-4　向解放军学执行，公司赴省武警某部参观

感受到海底捞"双手改变命运"的价值观，激励公司的领导干部更加努力地奋斗。

实践出真知，实践是最好的课堂。一个人只有在实践中才能不断地修补自己已经有的知识，只有在实践中才能不断地总结经验教训，只有在实践中才能不断地向他人学习，最终成就自己。

学习工作化，工作学习化

公司一直奉行着"学习工作化，工作学习化"（也称"两化"）的学习方法。

所谓学习工作化，就是指将学习视为一项必要的工作，坚持每天学习。

所谓工作学习化，就是把工作的过程看成学习的过程，工作就是学习，学习就是工作。

"两化"的过程是一个发现、研究、分析和解决问题的过程；也是一个围绕问题，获取、吸收、传播分享、应用知识并且创新知识的过程。

学是干的前提，干是学的目的，在知识更新不断加快的时代，只干不学，凭经验主义必然误事；只学不干，凭理想主义也必然是误事。

要把学习融入到工作中去，在干中学，在学中干。办公室刘潇秘书说："在如今快节奏的社会背景下，不学习就会被淘汰，唯有学习工作化、工作学习化才可以保证自己不落后。"

公司的荣誉墙上，记录着这样一个人。在还没有推行办公自动化的时候，他就悄悄走进有形数字与无形程序的纷繁世界，开始学习电子计算机技术。年近 50，学习的难度可想而知。然而，他的秉性就是敢与难事叫板，认准的事，头拱地也要把它琢磨出来。他每天下班以后，坚持加班自学，周六、周日也自觉加班学习，自己搜集学习资料，然后自己实践。十多年来，他不仅全面掌握了日常工作中所涉及的 Office 办公软件、PPT 演示、图像视频编辑、网页制作等一系列 IT 工具，而且精通 Excel 函数和 VBA 语言。此人就是"学中干，干中学"的典型代表胡义山。

随着信息革命、知识经济时代进程的加快，企业面临着前所未有的竞争环境的变化，传统的组织模式和管理理念已越来越不适应环境，因此企业需要研究如何适应新的知识经济环境，增强自身的竞争能力，延长组织寿命。彼得·圣吉提出的以提高企业整体素质为目的的学习型组织已经成为众多企业的选择。因为学习型组织能够通过团队学习及实践，促进员工自我超越，抛弃落后的思维方式和工作模式，形成系统思考能力，从而把员工的学习转化为创造能量，转化为企业核心竞争力，促进企业的可持续发展。

蜂与哲：

为了成功采集，蜜蜂不仅需要学会并记住蜜粉源植物花的颜色及形状，而且要知道如何找到这些花朵。蜜蜂需要学习引导它们长距离采集飞行并找到蜂巢位置的空中及陆地上的线索，学着把太阳位置和偏振光模式与时间进行联系，并学习与蜂巢地点关联的地标。由此可知，学习决定采集行为，采集行为决定蜜蜂生存，也就是说学习间接决定蜜蜂生存，而学习同样决定企业命运。因为外界环境的不断变化，也就意味着企业总是面临新的问题，新的问题需要新的手段和方法，只有不断地学习，通过补充新知识，以获得解决新问题的新方法、好方法，才能推动企业发展。

第三节　1%的细节优势，决定100%的效益

中国企业一个最致命的通病就是管理粗放，多凭主观决策、靠运气行事。过去如此，现在亦如此。粗放管理是一种经验主义、拍脑门式的工作处理方法，管理停留在"差不多"层次。采用这种管理方式的经营者类似于胡适笔下的"差不多先生"。

2009 年以前，公司也是采用这种粗放式管理。"5·12"会议上，曲庆武总经理大力倡导公司要"摒弃粗放，走向精细"。

精细化管理是由过去的粗放型管理向集约化管理的转变。精是精湛，细是细节、细致。"细"是精细化的必然途径，"精"是精细化的自然结果。

管理学界有一句话，"细节决定成败"。公司也一直强调这种事无巨细的工作作风。

报表是财务部门经常用到的工具，很多会使用 Excel 的人都觉得做一张表格很容易。"虽然一张报表很简单，但杨轶麟要求十分严格"，财务部副总经理金平总是这样说。财务部杨总对工作要求细致入微，这种细致小到各种报表的格式、字体。"每种报表的格式都有不同，表头是什么字体，表格中是什么字体，是否倾斜，是否加粗，都有很大的讲究"，金平补充说道。

对企业来讲，在产品、管理或服务等环节上注重细节，也许只会给用户增加 1%的方便，然而在市场占有的比例上，这 1%的细节会引出几倍的市场差别。对用户来讲，1%的方便造成选择上的倾向度，

1%的细节优势决定100%的购买行为。所以，这1%的细节优势就决定100%的效益。同样，轻视这1%的细枝末节，也有可能导致100%的不可弥补的损失。

有人说，一味地追求细节会导致成本的浪费，实则不然，精细管理也是在省钱。只有细分每一个成本环节，并关注每一个细节，降低成本才能产生实实在在的效果。在贯彻精细化管理的同时，公司提出"省一分钱等于净赚一分钱"，集中打印就是明证。

公司采取集中打印的方式，每一层办公楼只放一台打印机，并将其放置于走廊中。公司将打印机放置在走廊里是为了让多个办公室共享，采用的是一种集中打印策略。每年仅通过集中打印这一项措施就为公司节约了一大笔行政费用。

集中打印背后的原理是"冰山理论"，它是指成本中只有10%的显性成本，而有90%的隐性成本，就像冰山一样，露在水面上的只是冰山一角。要说明的是，这里的隐性成本指的是物品的折旧率。打印机在没人使用的时候就会有折旧成本。集中打印会降低打印机的闲置时间，从而降低折旧成本。

财务报表和集中打印这些细节都是公司精细管理的直接体现。既然细节都已经做到如此细致入微，可想而知公司其他方面的管理肯定也非常精细。的确如此，公司实际上在很多方面都推行了精细化，如承保精细化、理赔精细化和服务精细化等。精细化管理也使得公司管理水平提升到一个新的高度。

"海不择细流，故能成其大；山不拒细壤，方能就其高"。小的地方看不到、做不到，就会造成大漏洞；小的地方看得到、做得精细，就会延长企业的生命力，提高生产力。

蜂与哲：

蜜蜂的巢房是令人惊叹的神奇天然建筑物。巢房是一个个六角形房室。从建筑结构力学角度看，这是最稳固的建筑结构。而每一个六边形蜂房单元都与另六个蜂房单元分别共用一个相邻边，从建筑结构耗材成本角度看，这又是最节约的建筑结构。蜜蜂采用"经济原理"——用最少的材料（蜂蜡），建造最大的空间（蜂房）。可见，蜜蜂也是追求细节优势和效益最大化。企业也一样，要想提高生产力，就应该用最少的资源创造最大的效益。

第四节　用制度管人，用制度管事，用制度管心

　　管人、管事和管心离不开制度，少不了制度。制度是"笼子"，能关住人、事、心；制度是"紧箍咒"，能管住人、事、心；制度是"红灯"，能制住人、事、心。总之，制度是管人之要，管事之基，管心之本。公司用制度管人，用制度管事，用制度管心，是抓住了根本的根本、要害的要害和关键的关键。一个企业不能把期望寄托在员工的自觉性上，而是要靠制度约束员工，靠制度增强员工的执行力。正如曲庆武总经理所言："要用制度和机制解决问题，不能满足一般性要求和号召，也不能把宝押在自觉性上。"

　　"用制度管人，用制度管事，用制度管心"的背后是一种"法治"代替"人治"的管理思想。曲庆武总经理在公司2013年上半年工作会议暨全省人力资源工作会议上的讲话中指出："现代化的长盛不衰的企业必然是用'法治'代替了'人治'的企业，最终达到'仁治'。"在公司不断强化制度建设的基础上，目前公司已经由"人治"走向了"法治"。

　　"人治"就是传统的经验主义、拍脑门式的管理方法，是以少数领导者的情感意志为企业主导的管理模式。所有的事情都是对人负责，很多事情都是管理者说了算。这种主观管理方法必然导致各种管理问题。

"法治"就是靠制度管理企业。正如万科倡导的"管理靠制度不靠人"，王石曾说，"为什么我们这一代企业领导人一旦退休，或者突然发生意外，这个企业就垮了，原因就在这里，它没有制度化"。这就是"法治"管理思想的直接体现。

"仁治"就是提倡对员工仁爱和宽容的管理方法。"仁治"的主要思想是自己决定建立仁爱之心，别人才会对你仁爱，自己决定对人宽容，别人才会对你宽容。公司管理者要对员工宽仁、爱护，如此员工才会更好地回报公司。

公司是如何以"法治"代替"人治"，走向"仁治"的呢？

首先，公司加强制度建设。公司树立制度意识，采取"废、改、立"的方式建设制度，让正确的思想理念外化于形、固化于制，成为制度体系的新鲜血液。

"废"：第一，废止已经不适用的规章制度；第二，同一项制度颁布新版本时，废止旧版本。

"改"：修改和完善总体上仍然使用但局部内容存在问题的规章制度。

"立"：根据公司经营管理需要，订立新的规章制度。

2013~2014年公司共梳理出需要"废、改、立"的制度76条，其中，废止5条，修订24条，新订47条。

2013年，公司组织开展了围绕"反对形式主义、反对官僚主义、反对享乐主义和奢靡之风、顺应群众期盼与改造经营管理"的大讨论，向全体员工征求相关制度"废、改、立"的意见和建议。

以办公室为例，部门负责人多次召开部门会议，组织大家开展激烈的讨论。由于办公室本身工作比较繁重，还要处理堆积如山的文件、公文等材料，如此一来，办公室的工作效率就受到一定程度的影响。所以，有员工向公司提出建议，希望能出台一项精简文件数量的制度，以提升办公室的工作效率。该意见经过一系列的讨论后得到认可。最终于2014年初，公司制定并下发《关于进一步严格省本部公文会议管理工作的通知》（辽人保财险办电函〔2014〕22号），《通知》对收文程序、发文质量及切实精简各类文件都做出了详细的规定。

其次，公司强化员工的执行力。加强制度建设只是公司实现"用制度管人，用制度管事，用制度管心"的第一步，关键是要执行制度。众所周知，制度一旦制定，关键在于执行，制度不执行等于零。柳传志曾说，"不管企业做什么事，就怕含含糊糊，制度定了却不严格执行，最害人"。曲庆武总经理也一直强调："没有执行力，再好的政策也是一张白纸，再大的团队也是一盘散沙。因此我们必须增强执行力，做行动的巨人。增强执行力，客观基础是公司的决策、政策具有可行性，主观基础是'想执行'和'会执行'，解决思想认识和能力方法问题，把执行变为每个部门和员工的自觉行动。"

一个企业如果制定了完善的规章制度、行为准则或工作手册，并且不折不扣地严格执行，那么这个企业的管理就会更加高效。因为每个成员在进行每一项活动时都有章可循，他们将知道怎样的行为才符合企业的利益，才可争取得到相应的奖励，而同样也知道什么样的行为是被禁止的，甚至会受到相应的惩罚。

蜂与哲：

蜜蜂经过亿万年的进化，其团队力量越来越强大，究其根本，制度尤为关键。蜜蜂是一个最注重纪律的群体，它们严格遵守纪律，把纪律牢记于心，练就了一个高素质的群体。俗话说："没有规矩，不成方圆"，制度是实现管理目的的手段，是推进企业管理流程的基本工具，是规范有效管理的前提。制度是一个企业得以正常运转的有力保障，一个企业要想做大做强，就必须建立完善的制度，走正规化管理的道路。

第五节　集约管理，一箭双雕

保险业的发展目标是服务于国家经济与社会的发展，高效、经济是整个行业发展的战略主题。尤其是在重视民生、淡化速度、提升金融服务业升级的大环境下，集约化正在成为整个行业、各保险公司发展的基本要求。集约化的发展能够实现效率与资源配置之间的平衡，即在保证企业运行持续稳定的前提下，合理配置各种资源，提高企业的运行效率与效益，可谓"一箭双雕"。公司的集约化管理主要包括六个方面：核保集中、理赔集中、财务集中、IT集中、95518集中和采购集中。

核保集中：在传统的核保体制下，业务一般是逐级核保的，大部分业务不需要经过省公司，甚至不经过分公司而直接由中心支公司核保。但在集中核保模式下，在分公司设置核保前端，对业务进行初步审核并提出核保意见，但最终每一笔业务都要经过省公司才能核保通过。2009年核保集中实施以后，通过梳理全省的核保条件，自动核保比例大幅提高，由集中前的15%提高到现在的60%左右，提高了承保效率；通过整合核保人员，打造核心核保团队，公司还节省了约二分之一的核保人员，从38人减少到18人。

2009年为了实现车险核保省集中，公司实行"三步走"策略。首先选择上收试点单位，其次扩大省集中范围，最后实现全部业务核保省集中。

第一步：选择上收试点单位。公司于10月19日首先选择了业务质量较好、签单数量较小的阜新公司作为第一家上收单位。

第二步：稳步扩大省集中范围。在对阜新公司进行上收试点的基础上，公司又按照事先的计划，每天增加两三个公司，到 10 月 28 日，基本完成了除沈阳公司外的 12 个市公司的核保集中工作。

第三步：实现全部业务核保省集中。公司于 10 月 30 日上收沈阳市分公司车险核保，由于前期准备工作比较充分，上收沈阳公司的当天，并没有对核保省集中造成很大冲击，整个上收工作进展顺利。

自 10 月 19 日至 10 月 30 日，在省、市公司的共同努力下，车险核保省集中顺利完成。核保集中之后，投保单的自动核保比例提高到 60% 左右，较省集中前提高了 45 个百分点，起到了预期的效果。

理赔集中：理赔集中模式解决了以往客户遇到的"在同一家公司保的险，理赔定损却只能在规定的各家支公司进行查勘定损、理算和支付赔款"的问题。理赔集中后，一方面，公司下属的理赔中心资源可以共享；另一方面，由公司对查勘人员进行统一集中调度，实现"就近原则"，为客户在理赔服务上带来更多便利，并在很大程度上提升了理赔速度和消费者体验好感。理赔集中提高了定损工作效率，统一了定损标准，强化了核损和报价工作，有效地降低了车险案均赔款。

财务集中：公司在上收地市分公司财务中心负责人的考核任免权的基础上，建设财务共享服务中心，实现现金全环节省级资金集中支付和会计核算全流程省级集中，最终实现财务集中。在财务集中后，财务共享服务中心可以通过制定统一的财务核算标准和核算流程，实时生成各县区支公司的财务信息。原来由几百人在不同地区完成的工作，现在只需要由一人完成，大大提高了核算效率，节约了大量的人力资源。

IT 集中：公司成为全国第一家数据集中的一类省级公司。公司于 2011 年上收地市分公司信息系统，实现业务系统的平稳过渡，各类业务数据、财务数据和管理数据的集中与共享，保证了业务的安全运行。IT 集中后，IT 系统为公司提供集中统一的信息化共享服务，成为公司提升管控能力和形成创新销售模式的有效助推器。

95518 集中：过去，如果承保车辆出险，客户通过 95518 报案后，

95518 需要通知承保支公司派理赔人员赶赴现场查勘。现在，95518 直接统一调配分布在辽宁各个区域的定损查勘员，根据出险地点选择最优化的路线，迅速调动距出险点最近的理赔人员，在最短的时间内赶赴现场。95518 集中通过对查勘定损人员进行集中管理、统一调配，不但提高了事故的现场勘查率，还降低了客户骗赔比例，更好地保障了客户和公司的利益。

采购集中：公司的采购集中工作已经做到令人叹为观止的境界。公司从采购流程标准化、采购单位两级化、采购范围扩大化和行政费用压缩化四个角度入手，将采购集中工作做到极致。首先，公司制定通用的采购流程标准化模板，从采购前期的资金立项、供应商寻源和评分细则制定，到采购中期的评审资料准备和谈判技巧，再到采购后期的中标供应商确定、合同签订和供应商评估，对采购集中进行全程指导。其次，公司设置以整个公司为单位的公司采购和以部门为单位的部门采购两种集中采购形式。公司在财务会计部下成立了集中采购中心，设专人专岗对商品采购全部实行集中招标，全省推广集中招标采购。最后，公司还积极扩大集中采购范围，努力压缩行政费用，尤其是各地市一把手的行政费用。2013 年全年公司通过采购集中节约成本 1302 万元。

● 核保集中提高了承保效率，减少了所需人员数量，降低人力资源成本。

● 理赔集中提高了理赔效率，提升了服务质量，降低了案均赔款。

● 财务集中规范了财务操作手段，提高了财务核算效率，降低了人力资源成本。

● IT 集中提高了信息系统的稳定性，提升了信息流通的速度。

● 95518 集中节省了查勘时间，提高了事故的现场查勘率，降低了骗赔率。

● 采购集中提升了采购效率，节省了采购成本。

蜂与哲：

蜜蜂奉行"食物集中，按需按量分配"的原则，即蜜蜂将采集或生产的蜂蜜、花粉、蜂王浆、水和盐等食物集中交由内勤蜂管理，再由内勤蜂按需按量分配。例如，处于成长阶段的幼蜂，主要供给富含蛋白质、维生素的花粉，以帮助骨骼形成和器官发育成熟，体现按需分配；内勤蜂及工作量较轻者少分配食物，则体现按量分配。蜜蜂的分配原则保证了食物的合理分配和高效利用。由此可见，蜜蜂也在追求资源最大化利用。企业也一样，追求用最少的资源创造最大的收益。为此，企业应树立集约管理的观念，做好资源的合理分配和有效利用。未来，谁能用最少的资源创造最大的效用，谁就是赢家！

第六节　一种不可或缺的资源

目前，信息和信息技术的战略地位得到空前提高，并有效地融入经营的各个层次、各个环节，成为企业必不可少的战略武器，并使企业真正进入"数字化企业"行列，完成从"传统企业"向"数字化企业"的成功转型。现在的信息技术已成为一种重要的战略资源，公司更是将"信息技术视为一种不可或缺的资源"。

国内各大保险企业都开始把信息技术放在发展战略的重要位置上。保险业的信息技术应用发展到现在，已经从最初的单纯技术部门向服务性、业务性部门转型。信息技术部门从单纯的设备供应、安装维护，转向深层次的信息技术应用顾问服务和业务信息化全面支持，开始逐渐参与到企业的管理和决策中去，提升企业的效率和利润。信息技术的应用发展将彻底改变保险企业的组织模式，提高企业的工作效率、服务水平和管理能力。

公司之所以说信息技术是一种不可或缺的资源，是因为在公司方方面面都有信息技术的应用，同时公司各方面的发展都离不开信息技术的支持。鉴于此，公司提出了"基础平台稳固、运维服务标准、应用持续深入、技术不断创新"的信息技术战略，全力打造以信息技术为支撑，以知识管理、流程管理为核心，集系统集成、协同办公、信息共享、精确管理为一体的综合性管理平台，为公司精细化管理提供技术支撑。

在这样的战略指导下，信息技术部以 IT 促进业务发展和管理升级为中心，以安全稳定为立足点，开展平台建设的各项工作。公司构建了五大支持平台，即销售支持平台、客户服务支持平台、运营支持平台、经营决策支持平台和办公信息共享支持平台，以支持公司业务发展。在五大平台的基础上，公司又不断深化信息系统对平台业务的支持力度，其中包括不断完善自主研发的数据支持平台功能、搭建流程控制系统并对其进行个性化的改造等。同时，公司着力增强数据对业务的支持力度，包括搭建数据质量共享平台、针对薄弱点进行重点管控、规范数据运维模式等。另外，公司还不断提升信息技术的创新能力，为公司业务发展提供智力支持，如建立赔款支付查询系统和数据质量共享平台，有效地提高劳动效率，降低劳动强度。信息技术的充分利用，离不开一支高素质的人才队伍，公司极度重视信息技术员工综合素质的培养，创建学习型团队，提高信息技术人员的综合素质。

2013 年 12 月，"小艾"（见图 7-5）正式与大家见面。"艾"，顾名思义，就是 IT、信息的意思。

图 7-5 人保"小艾"

"小艾"是公司信息技术战略的关键举措之一，也是科技创新的重要成果。

"小艾"以一个温馨、甜美且专业的形象出现在大家身边，旨在实现一个私人的数据中心，通过这种方式提供更加有针对性和时效性的数据支持，真正地实现以人为本的信息资源利用模式，将各项数据直接推送到业务人员和管理人员的掌上终端。

"小艾"现已提供公司业务指标和产品在线查询、公告栏的展现、用户绑定、理赔导航功能和条款导航等功能，其他项目正在按照研发进度建设中。

目前，公司对外拥有自己的微信公众平台，对内则拥有自己的私人数据处理中心——人保"小艾"。

比尔·盖茨曾说，"信息技术和现代企业正在变得相互交织，难解难分。我认为，没有谁能在有意义地谈论一个时忽略另一个"，由此可见信息技术作为一种资源的不可或缺性。公司无论是建设各类的平台，还是开发各类的系统都是为了打造"以人为本的信息资源利用模式"，实现信息技术资源利用的最大化。未来公司将开展更多的工作，最终实现"让所有的人理解 IT、掌握 IT、使用 IT 并获益 IT"的愿景。

蜂与哲：

蜜蜂识途靠的是两种本领：一是"偏光导航"，二是"香气走廊"。蜜蜂利用偏光（人眼看不见的紫外线），感知太阳，准确地飞回巢。蜜蜂腹部有一种嗅腺，飞行时腹部收缩，嗅腺分泌出来的香气便留在飞过的地方。后面的蜜蜂沿着香气去采蜜。众多蜜蜂来来往往，就在蜜源和蜂巢之间形成一条"香气走廊"，沿着这条"香气走廊"，蜜蜂采运花粉回家，就不会迷路。蜜蜂利用偏光和香气识途，企业则可以利用信息技术资源助力企业经营。信息技术是一种可以帮助企业获取信息、传输信息、保存和分析信息、处理信息的宝贵资源，没有信息技术资源的强有力作用，企业就无法实现有效的信息管理。所以企业要越发重视信息技术这种宝贵且不可或缺的资源。

第七节　向管理要效益

美国的科学技术能够在世界上取得领先地位，靠的是三分技术，七分管理。管理是一种资源，向管理要效益绝不是一句空话。公司的管理实践也证明了这一点。

2009 年以前，公司遇到了前所未有的困难：客户流失严重、服务质量不高、承保利润率极低、四分之一地市公司亏损、员工思想散漫。面对被众多问题困扰的公司，以曲庆武总经理为核心的领导班子大胆改革，从加强管理入手，力挽颓势，使公司重新走上正轨。2009 年公司实收保费 42.9 亿元，较上年增加 8.5 亿元，为公司的转变开了一个好头。2010 年实现利润 8454 万元，2011 年增至 3.38 亿元，2012 年实现利润 4 亿元，2013 年实现利润 1.24 亿元。

人还是原来的人，为什么公司却能在短期内取得如此佳绩？归结到一点，就是公司的管理变了，管理方式、管理思路及管理体制都不同于以前。公司提出转变观念、专家治司、文化兴司和人才强司等全新管理手段，使得公司有了长足的进步。

转变观念

观念问题一直以来都是国企最大的问题，公司也不例外。虽然已经进入 21 世纪，但是公司相当多的员工特别是一些领导干部，观念还很落后，依然停留在原来人治的阶段，与当前的经营形势很不适应。为了改变这种死气沉沉的局面，公司要求全体上下转变观念。

首先，树立一个观念，即科学发展观。公司提倡"科学发展观发展的真正含义不在于发展本身，而在于发展之外"，不能为了发展而发展，为了发展而抛弃原则、制度和合规，这种发展是不科学的发展，而不单纯讲发展，实际上才是最科学的发展。

其次，重新回归效益观，也就是坚持效益第一。先前公司只是一味地追求市场份额、保费收入，对于是否盈利根本不在乎。任何公司的经营都是以盈利为目的的，即使市场份额再大，不盈利也只能算是失败，到最后也只能是赔本赚吆喝。当效益第一的理念深入人心，公司效益的提升也就成为自然而然的事。

当然，公司还向员工灌输了很多其他全新的观念，如"树正气、用能人、明赏罚的"用人观，"只能改变制度，不能改变结果"的执行观，"以业绩论英雄，以贡献定价值"的绩效观……

经过近几年的发展，公司全体上下的观念得到了很大的转变，正如曲庆武总经理所提到的那样："公司近五年发展的最大成果不只在于经营数据，更在于全省系统干部员工观念的转变。"员工观念的转变为公司带来了一系列的变化，如员工精神面貌、服务客户的主动性、接受新事物的能力，当然还有经营数据。

虽然员工观念得到了很大的转变，但是目前仍然还不够，曲庆武总经理仍然在不断地强调转变观念。2014年在全省人保会上，曲庆武总经理依然强调："观念落后的主要原因在于站位低。'高度是最大的智慧'，'没有高度就会纠缠于问题本身，高度可以击穿各种小技巧'。只要站在一定高度上，就会很容易看清问题的本质；如果站在较低的位置上，就很容易被各种事物错综复杂的表象所困扰。"

专家治司

只有专业的人才能做专业的事，所以公司提出"专家治司"的管理理念。所谓专家治司，就是要培养一大批专家型的员工，让他们成为团队的管理骨干和业务骨干。公司所讲的"专家"不是一般意义的

"专家",而是指那些对自己所从事工作的岗位知识非常熟悉、岗位技能十分娴熟、相关流程十分清楚的"专家"。为实现"专家治司",公司做了许多工作。

首先,推进核保、核赔师制度。为了获得核保和核赔岗位的"专家",公司积极推进核保师和核赔师持证上岗制度。持证上岗制度使得核赔、核保人员不得不学习专业的知识、掌握专业的技能,不断提升实践业务能力。这一措施的实施,使得公司获得了一大批核保和核赔"专家"。

其次,开展各种培训。仅仅有核保和核赔"专家"是远远不够的,公司还需要管理、营销、查勘、理赔和财务专家等。为此,公司建立360度的培训体系,如巡回销售培训示范、理赔车险查勘高级培训、服务礼仪及行为规范的培训等,力求通过培训来培养"专家"。公司的培训体系主要围绕岗位能力和发展能力两个方面,如图7-6所示。

公司除了传统的培训之外,还有一些特殊的培训方式,如"以赛代训"。

2012年12月7日,公司举办了首届保险建议书大赛。此次大赛其实也是为了落实"专家治司"的管理理念。大赛将保险专业性和市场竞争实践进行了有机结合,这既是一次综合风采的展示,也是一次总结技能的培训。

2013年,公司又举办了首届营销服务技能大赛,以赛代训。在此次比赛中,各市公司14支代表队、56名营销人员参加了大赛。在营销方案设计与展示、营销技能比武环节中,通过评委现场互动的点评、示范,参赛选手和全体现场人员生动地理解、掌握了营销方案设计、客户沟通的理念和营销服务礼仪。通过竞赛,营销人员的营销技能和服务技巧得到一定的提升。

各类的培训让员工迅速成为各领域、各岗位的"专家"。"专家治司"的管理理念达到了理想的效果。

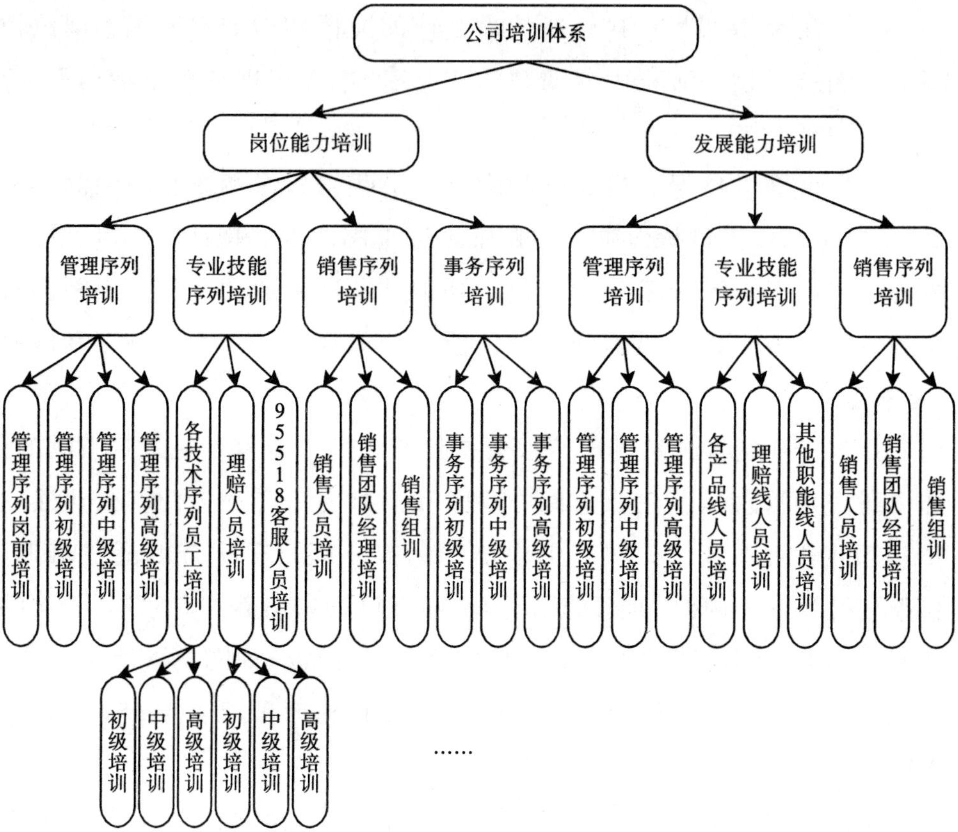

图7-6　公司培训体系

文化兴司

市面上有一本畅销书，叫《基业长青》，这本书的作者对全球十几家平均寿命近百岁的企业进行了深入分析，分析它们为什么会成功，为什么会活百年。答案就是因为这些公司都有非常独特的企业文化。真正不会被轻易改变，并且能深刻地影响每一个人行为的，是一个企业的文化，只有文化才是一个企业基业长青最基础的东西。海尔的张瑞敏、华为的任正非、蒙牛的牛根生和万科的王石等高瞻远瞩的管理者，以及曲庆武总经理，都认识到以文化为统领的企业将在竞争中立于不败之地。

其实，先前公司虽然也有自己的文化，但是这种文化仅仅停留在文化的表面层次，未能够起到文化应有的作用。鉴于此，公司构建了以"荣誉·责任·梦想"为核心的文化体系。为了使文化根植于人心，公司成立企业文化建设委员会、发挥一把手作为企业文化建设带头人和楷模的作用、开展优秀员工评选活动……

成立企业文化建设委员会。委员会下设企业策划包装宣传工作小组、员工文化生活工作小组，具体负责公司企业文化建设的组织、协调和实施。

发挥一把手作为企业文化建设带头人和楷模的作用。曲庆武总经理从自己做起，充当文化建设的使者和传播者。同时，公司还要求各地市分公司的一把手也要在企业文化建设方面发挥模范带头作用。

开展优秀员工评选活动。公司开展月度优秀员工评选活动，对在企业文化建设方面做出突出贡献的员工进行奖励，以激励员工更好地建设企业文化，让企业文化内化于心。

现如今，文化已经成为公司的灵魂，与公司融为一体。

人才强司

一个成功的企业，首先应该是一个人才聚集的地方。人才就是企业的资源、企业的希望。

为了打造一支具有竞争力的人才队伍，公司提出"人才强司"的管理理念。公司建立"树正气、用能人、明赏罚"的用人文化，崇尚"用一个人不是要看他'不能做什么'，而是要看他'能做什么'"的用人原则，建设"一种向上的精神、一种平和的心态、一种高尚的境界"的"三个一"干部库，建立鼓励创新的激励机制，加强学习型组织建设和教育培训工作。公司的这些举措，使得公司已经形成了一种"风清气正"的用人文化。

小李是吉林大学金融学专业的一名硕士应届毕业生，2013年参加了公司的校园招聘，通过笔试、无领导小组讨论和面试，最终被公司录取。小李在一次聊天的过程中说："如果用三个词来概括这次的校园招聘，那就是公平、专业，还有人性化。"

小李这样的员工在公司有很多。也许，很多人都会猜想，是不是小李在公司有什么后台，或者在招聘的时候给了招聘人员多少好处？其实，小李既不是公司的"关系户"，也没有贿赂过任何招聘人员。她只是通过正规的招聘流程进入了公司。这样的案例比比皆是，2011 年公司对部分专业技术岗位进行网上公开招聘，招录了北京师范大学、吉林大学、大连理工大学和东北财经大学等多所学校的硕士毕业生。小郭就是这一批进入公司的大连理工大学的硕士生，他说："在招聘前我比较紧张，因为听说国企，尤其是像这种大型的国企，在招聘过程中会有很多其他因素的干扰。但事实证明，我们的招聘是公平、公正和公开的，靠的都是我们的真才实学。"

由于国企尤其是央企的特殊性，长期以来，在进人方面比较保守和封闭，正式岗位几乎不对外公开招聘，对外公开招聘的一般是临时工和低端岗位，很多呈现家族化现象。

这种现象是国企的通病，在过去相当长的一段时间里公司也是如此，很少对外招聘，能进公司的大多是"关系户"。

2009 年开始，公司开始致力于改变这种现状，并在人才引进方面做了很多工作。通过分析，公司的人才引进特征可以归纳为三点："树正气、用能人、明赏罚"的理念；坚持领导班子不参与、不干预，用人单位把专业关，人力部门把政策关，党委原则通过的招聘原则；引进过程公开、公平和公正。

公司提出的"人才强司"管理理念并没有成为一句空话，而是落实到行动中。通过公开进行校园招聘，不断为公司输送新鲜血液，同时在内部实行动态用人机制，"能者上，平者让，庸者下"。"人才强司"的管理理念正在不断地帮助公司打造核心的人才队伍，增强公司的竞争力。

管理资源实质上是一种以企业经营管理知识、经验、方法、艺术和技能等为主要内容，与传统的本质资源、技术资源完全不同的智力资源。管理资源作为一种智力资源，也就自然成为各种资源中最特殊也最宝贵的资源。因此，企业必须将管理作为一种资源，向管理要活力、要效益，充分开发和利用管理资源。

蜂与哲：

蜜蜂是昆虫世界中一个有组织的伟大集体，每一个蜂群有成千上万只蜜蜂。为什么它们能够和谐地居住在一起？主要取决于蜜蜂群体的高效管理。工蜂担负着蜂巢里的全部经营管理工作，一群蜜蜂里不论有多少工蜂，它们之间都有着严密的组织和分工，每一只工蜂都任劳任怨自觉地尽着自己的职责和义务，从而使得整个蜂群的活动忙而不乱，井井有条。管理大师德鲁克说："管理是一种器官，是赋予机构（如企业）以生命的、能动的、动态的器官。如果没有管理，那也就只会有一群乌合之众，而不会有一个机构。"

第八章 创新

创新是企业进步的不竭动力。公司构建创新体系，营造创新氛围和文化，在稳健经营中追求渐进性创新，围绕渐进性创新，又进行思维、模式、产品、服务、营销和流程创新，如图8-1所示。

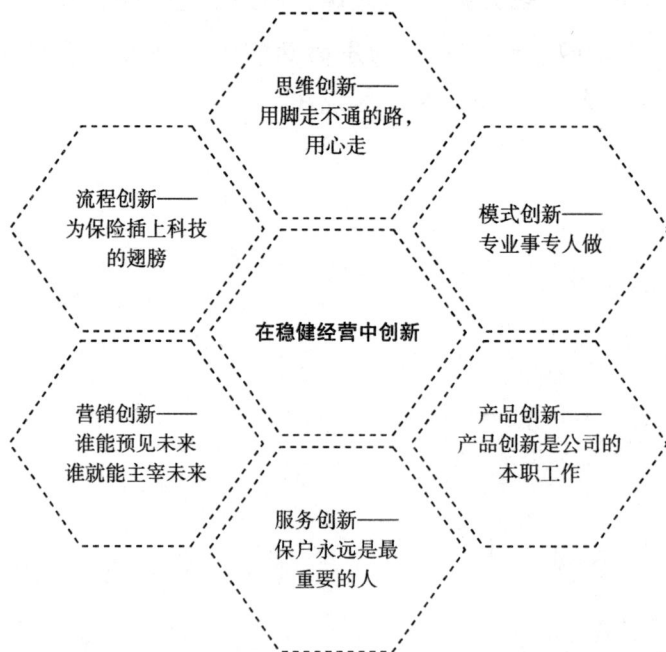

图8-1 创新蜂巢

公司为观念转变，进行思维创新；为经营活力，进行模式创新；为客户需求，进行产品创新；为顾客满意度，进行服务创新；为市场布局，进行营销创新；为提高效率，进行流程创新。观念的转变、经营活力的提升、客户需求的满足、顾客满意度的提高、市场的前瞻性布局以及承保、理赔效率的提升，最终为公司发展注入了强劲的动力。

创新体系为公司在激烈的市场竞争中保持主导地位奠定了坚实的基础，而创新氛围和文化确保公司创新无止境。

第一节　在稳健经营中创新

关于创新，公司有一个非常独到的说法——"创新就是率先模仿"，就是要善于率先找最好的对象模仿。这是公司近年来一直坚持的"找最好的葫芦画最好的瓢"的发展路径。曲庆武总经理认为："把别人的东西拿过来，我们再加以本土化，因地制宜，这就是创新，并不是只有自己独立创造的东西才是创新。"模仿性创新近似于传统意义上的渐进性创新。

创新要循序渐进，不可急功近利。尤其是在保险行业，急功近利的创新和保险公司坚持的稳健经营原则是相悖的，急功近利的创新会给保险公司带来毁灭性的打击。虽然公司是辽宁财险市场的主导者、领导者，但面对竞争对手的步步紧逼，公司必须创新，也鼓励创新，但不是为了创新而创新。正如曲庆武总经理讲到的"大胆创新，谨慎行动"，换句话说就是公司遵循创新规律，追求渐进性创新，以引进、改良的创新为主。

2014年12月27日，东北大学2014级MBA移动课堂走进公司，曲庆武总经理与来自各行业的70余名MBA学员开展"对话"授课，畅谈管理哲学，如图8-2所示。在最后的提问环节，MBA学员向曲庆武总经理提出了很多问题，其中有一位MBA学员问道："企业一般有两类员工，一类是"老黄牛式"的员工，即缺乏创新，但是脚踏实地工作的员工；另一类是积极创新，但是不够专注认真的员工，曲庆武总经理您更喜欢哪一类员工？"曲庆武总经理是这样回答的："这两类员工我都喜欢，公司也都需要，但是我更喜欢积极创新但又能脚踏实地的员工，因为公司的发展需要创新也需要创新的实践者。"

图8-2　作为特聘教授，曲庆武总经理对话东北大学MBA，进行开放式教学

曲庆武总经理的回答体现了公司崇尚创新，但更推崇稳健的、渐进性创新，因为创新是一个持续发展积累的过程，不可能一蹴而就。公司的各种创新，从产品到经营管理制度，在某种意义上都是以"引进"为基础，即创新源是引进或学来的，大多数创新都是在引进学习和模仿的基础上结合实际适当改造后的创新。

在引进总公司的绩效管理体系时，公司因地制宜，首次实行对地市领导班子的关联考核。通过吸收GE电气等国外公司的成功经验，公司努力打破官僚作风，积极放权，一把手不直接分管任何业务、任何部门，推行扁平化的组织管理体系。这些"模仿"创新，为公司赢得了在辽宁市场发展的先机。

渐近创新即通过持续不断积累的局部或改良性创新，最终引起质的变化，实现根本性的创新。熊彼特提出，创新本身就有渐进创新的含义。熊彼特用"组合"定义创新，他认为："一般来说，新组合必须从某些旧组合中获得必要的生产手段，因此新组合的实现只是意味着对经济体系中的现有生产手段做不同的使用"。

渐进创新的特征是，虽然在某个时点的创新成果并不明显，但它有巨大的累积性效果，而且它受经济和市场因素的影响更大；从成果看，它不仅能强化企业的生产和技术能力，同时能强化企业、顾客和市场的联结，效果延续性强，特别是要求组织环境的不断完善和管理能力的不断提高。

蜂与哲：

热带兰花蜜蜂的口器以前是适于舔食花蜜的，随着环境的变化，它们的口器逐渐演变成适于吮吸花蜜的形状。研究表明，吮吸的采蜜方式比舔食的采蜜方式效率更高，这说明采蜜方式的转变给蜜蜂带来巨大的福利。生物在繁衍的过程中，会不断地产生变异，其中的许多变异是经过长期自然选择的结果，以达到适者生存的目的。蜜蜂的进化相当于企业的创新，蜜蜂的进化尚且是渐进性的，企业也最好采用渐进性的创新。

第二节　用脚走不通的路，用心走

"用脚走不通的路，用心走"是每一位辽宁人保人都非常熟悉的话，也是曲庆武总经理经常挂在嘴边的话。在现实生活中，很多人似乎只记住了"坚持就是胜利"，实际上很多时候坚持不一定就会胜利，换一种方式、方法或者换一种思维，用脚走不通的路，用心去走，也许很容易就成功了。其实，曲庆武总经理强调的是思维和理念的创新。

类似于"用脚走不通的路，用心走"的话，曲庆武总经理还说过很多很多，例如：

"行成于思，思想是行动的导师，唯有思想创新才有商业的变革。"

"现代市场竞争中，速度靠强攻，转轨靠智慧。转轨就是创新思维，转换跑道，找到新的发展路径。"

"不换观念就换人。"

"观念决定思路，思路决定出路，观念变则态度变、态度变则行为变、行为变则结果变。只有换个好思路，才能找到好的出路。"

2009年以前，作为一个拥有60多年历史的老牌国企，公司员工思维僵化、观念陈旧，要想解决这些问题，唯有靠思维的创新。在当今时代，很多东西都是瞬息万变的，思维僵化很难跟上时代的步伐，终究难逃被淘汰的命运。"变则通，通则久"，只有主动改变自己的思维，不断创新，才能突破固有的思维，提高效能。

曾经有一家世界500强的企业，名叫"柯达"，在1991年的时候，它的技术领先世界同行10年，但是2012年1月它破产了，被做数码的干掉了。当"索尼"还沉浸在数码领先的喜悦中时，突然发现，原来全世界卖照相机卖得最好的不是它，而是做手机的"诺基亚"，因为每部手机都是一部照相机。近几年"索尼"业绩大幅亏损，于2014年宣布破产。当手机世界老大"诺基亚"还在以手机的稳定性和耐用性骄傲和自豪的时候，"苹果"来了。引领时尚潮流，受到全球年轻人疯狂追求的"苹果"以迅雷不及掩耳之势干掉了"诺基亚"。2013年9月，"诺基亚"被微软收购了。

像柯达、索尼和诺基亚这些世界巨头，它们曾经辉煌一时，成为各自领域的霸主，但当新的思维浪潮来袭，它们几乎彻底丧失了应变能力，只能"无可奈何花落去"。这些案例深刻地说明，任何企业都必须具备思维创新，必须因时而变、因势而变。

思维创新的形式有多种：从静态思维发展为动态思维；从顺境思维发展为逆境思维；从正向思维发展为逆向思维等。公司推行绩效管理体系的案例应该是曲庆武总经理思维创新的体现，更准确地说，是逆向思维创新最直观的体现。

2009 年 4 月，曲庆武总经理上任。按照中国官场的一贯作风，新官上任，肯定要为员工或下属带来一些福利，否则是很难令大家满意的，他的工作也很难顺利开展。公司员工也是如此期盼着，但结果却出乎所有人意料。曲庆武总经理反其道而行之，不但没有给员工发钱，反而在公司推行了全新的绩效管理体系。为什么要推行绩效管理体系？因为曲庆武总经理上任的时候面临着大约 10 亿元的历史包袱，其中 6.39 亿元不利发展、2.3 亿元费用超支、6000 万元的薪酬赤字。如果还按照原来的管理方式，这个包袱只会越来越大，对公司发展也愈发不利，所以曲庆武总经理只能采用逆向思维，用绩效管理取代盲目发钱。

其实，在推行绩效管理体系的方式选择上，曲庆武总经理的思维创新也值得学习。国企推行改革的难度大家可想而知，尤其是涉及员工切身利益的改革更是难上加难。如果曲庆武总经理按照一般的方式引入绩效管理体系，然后直接在公司推行，所面临的阻力是非常大的，改革也不会成功。曲庆武总经理的做法是另辟蹊径，在全省范围内开展一场"是吃子孙饭，还是为子孙造福"的大讨论，让公司的每一位员工思考到底是"吃子孙饭"还是"为子孙造福"。大讨论的结果是使全体员工达成统一共识，并意识到推行绩效管理体系的重要性。绩效管理体系的成功实施也就成为自然而然的事了。

事实证明，绩效管理体系极大地调动了员工的工作热情，增强了公司活力，公司经营扭亏为盈。这其实是曲庆武总经理思维创新的成果。曲庆武总经理上任后讲的第一句话就是"宁可总经理不当，也不搞三年两胜"，他用自己的实际行动为全体干部员工转变观念、创新思维做出了表率。自担任公司一把手以来，曲庆武总经理提出了很多全新的思维，像"文化统领"、"青苹果"和"谁能预见未来，谁就能主宰未来"等。公司鼓励干部员工要创新思维，转变观念，用新思想来解决工作中的问题。美国 Think 智力资本公司的创始合作人蒂姆·赫森在他的《不换思想就换人》一书中提到：

你想当朋友喜欢的点子大王吗？

你想做老板器重、客户赏识的机灵员工吗？

你想成为工作和生活中的智慧达人吗？

知道什么并不重要，会思考才是重点。

从明天起，换个脑袋去上班！

任何创新，首先都是观念上的更新，思想认识上的革命。思考问题的角度和方法、思维的时间和空间维度，从根本上决定了创新的实施。

蜂与哲：

蜜蜂采蜜择花不设"标准"。花期一到，忙碌的蜜蜂们在花的世界里自由地飞来飞去，各自寻找着采蜜的目标。蜜蜂采蜜对花有统一的标准要求吗？回答是没有的。假如给它们一个标准，什么花能采，什么花不能采，肯定会弄得蜜蜂们无所适从，降低效率。没有所谓的标准约束，蜜蜂们才能独立、自由发挥，众采百家蜜，每次满载而归。企业在管理自己员工的时候也应该少一些"标准答案"，这样员工的思维才会得到创新。只有思维创新，才能无拘无束地"众采百家蜜"。

第三节　专业事专人做

公司的"专业事专人做"就是指车险非车险的专业经营，而公司实现"专业事专人做"的途径就是模式创新——车险非车险分业改革，沈阳市分公司专营车险，省公司营业部（包括第二营业部）专业经营非车险。

2012 年年末，公司拉开了车险非车险专业经营模式创新的大幕。改革后的沈阳市分公司实现车险专营，集中车险优势力量在沈阳及近郊开展车险业务，用专业的人来做专业的事。

公司为什么要进行车险非车险专业经营的模式创新？

（1）竞争对手不断地蚕食市场。在东三省省会城市中，沈阳是财险竞争最激烈的地方。虽然公司还保持着领先优势，并占主导地位，但市场份额连续下降，2012 年只有 32.6%，公司必须要有所行动，迎接挑战。

（2）同"同姓"兄弟公司相比，差距明显。沈阳与大连同在一个省委省政府领导下，同在辽沈大地，GDP 基本相同，但沈阳市分公司的保费收入已经被人保财险大连公司远远甩在后面。沈阳市分公司同大连公司的差距也提醒公司车险非车险到了非改不可的地步。

（3）同"异姓"兄弟公司相比，差距更加明显。南京和沈阳 GDP 相同，人保财险南京公司保费收入已经达到 30 亿元，而沈阳市分公司不足 20 亿元。从这个角度讲，沈阳市分公司已经到了悬崖边，非改不可。

在这种情况下，公司经过慎重考虑、多方调研和汇报，决定在全国副省级城市分公司中第一个进行经营模式创新。2012 年年初，公司专门组建课题组多次到总部汇报，先后赴兰州和乌鲁木齐学习考察，对改革方案多次论证和修改，最终形成了体现全体员工智慧的沈阳市分公司改革方案，并顺利实施。

为了顺利实施沈阳市分公司车险非车险的专业经营改革，公司做了很多工作，其中最为重要的当属对省公司营业部的改造升级以及将省公司营销服务部改造为省公司第二营业部。这两项前期工作为沈阳市分公司的成功改革奠定了坚实的基础。

2012 年年初，公司对省公司营业部进行了改造升级，并于 2012 年 12 月 24 日重装升级，如图 8-3 所示，为专业经营非车险做好了准备。新职场成为全省现代化职场之一，成为投放到市场上一条很好的鲶鱼，激发了公司的整体活力。

图 8-3　公司领导班子出席省公司营业部重装升级启幕活动

另外，公司还把省公司营销服务部换牌为省公司第二营业部，在沈阳市场形成两个营业部，专门开展非车险业务，并代理车险业务。用曲庆武总经理的话说，这样做的目的就是形成"专业事专人做、大家事共同做、全员做非车险"的格局。

车险非车险专营的模式创新让公司收获了市场，也收获了专业人才，可以说这种商业模式的创新是成功的，并且是值得推广的。

2013 年，沈阳地区整体增速超越市场 2.3%，市场份额上升 0.64%；沈阳市分公司车险增速实现"三超"，即超行业、超系统、超主要竞争对手，份额同比上升 2.66%；省公司营业部商业非车险增速高于全省平均 7.1%；全年公司实收保费 66.8 亿元，超额完成总部年初预算近 2 亿元。

另外，公司还获得了专业人才。经营模式的创新使得公司原本就已非常强大的车险团队变得更加专业、更加强大。省公司营业部非车险的专业性也不断得到强化，高精尖非车险专业团队得到不断打造，非车险经营"一流的团队、一流的服务、一流的业绩"的目的得到实现。最重要的是，省公司营业部成了全省系统的非车险员工培养基地，为全省系统输送了更多专业非车险人才。

2014 年公司在全省推行沈阳模式，全面推行车险非车险专营，最终实现"专业事专人做"的经营目的。

商业模式的创新贯穿于企业经营整个过程中，贯穿于企业资源开发、研发模式、制造方式、营销体系和流通体系等各个环节。每个环节的创新都可能塑造一种崭新的、成功的商业模式。面对新经济的发展，商业模式创新将为企业在复杂环境中培养自身的核心能力、降低成本、获得持续竞争力提供强有力的支持。

蜂与哲：

在蜜蜂总科里，真正属于社会性的种类不及5%，其他大多数都是独居的。许多事实可以证明，这些社会性的蜜蜂类，是由独居性进化到初级社会性，再进化到较完善的社会性的。社会性生活之所以能够得到发展，是因为依靠群体的力量，更有利于战胜自然灾害，并在残酷的种间斗争中得以存留下来。蜜蜂的生存方式类似于企业的商业模式。面对动态变化的环境，企业要想在竞争中存活下去，就应该谋求商业模式的创新。

第四节　产品创新是公司的本职工作

"产品创新是公司的本职工作，没有什么可值得宣传的。"曲庆武总经理说。这句话表明公司已经将产品创新当作自然而然的事情，必须要做的事情，没有必要刻意为之。

保险产品是保险公司保持竞争力的关键。产品创新更是财险公司发展的生命线，这也是公司将产品创新作为本职工作的原因之一，公司从多个层次开展产品创新。

（1）重视产品创新，满足市场需求。公司强化全员产品创新意识，集中系统优势，实现公司产品创新与满足客户需求的有效对接。省公司重点负责产品创新的组织、推动与区域性产品的具体研发。市、县公司重点对产品组合、客户需求进行广泛的研究，提出需求，参与研发。

公司用实际行动践行着"产品创新是公司的本职工作"的宗旨。公司在沈阳地区推出居民燃气责任保险和全市物业责任保险，在辽阳试点环境污染责任险，同时公司还推出随车行李险、养老机构责任险、机动车辆维修企业返修责任保险、老年人意外伤害险，以及与旅游局合作创新开发旅游方面的保险等。

随着老年人摔倒"扶不扶"问题成为社会焦点，老年人问题越来越受到社会的关注。2014年4月15日，公司推出老年意外伤害险。该险种主要针对55岁以上的老人，年龄不设上线，户籍不受限制，购买每份保险的保费为30元，最高可获3万元的意外伤害保险保障。

该险种的推行，打破了以前老年人购买意外险的年龄限制、地点限制以及户籍限制，只要是在辽宁省生活或工作的55岁以上老人均可参保，在任何时间、任何地点发生意外造成的伤残均可索赔，从而让老年人享受到更全面的保险保障。

（2）创新产品组合，增强产品的适应性。针对区域市场产品雷同的现实，公司努力在产品组合上进行创新。公司积极探索并建立各产品的组合模块，实现承保的量身定做，满足不同客户的个性化需求。

公司推出创新的产品组合：车险和家财险，将两种差别比较大的保险产品进行组合销售，鼓励客户在购买车险的时候顺带购买一张家财险产品，也就是车险和家财险"一车一卡"。此活动一经问世，就在辽宁财险市场上引起强烈的反响。在组合之前，车险已经被广大老百姓普遍接受，但家财险的投保率极低。针对这种情况，公司在销售车险的同时，组合销售家财险。

另外，公司还进行了其他产品组合，将意外险与车险捆绑销售，也取得了很好的效果。一方面，这种模式促进了公司内部交叉销售；另一方面，也增强了不同险种之间的团结协作。

险种联动，也就是产品组合，实际上也是产品创新。根据相关研究，保险公司或代理人开发新客户的成本要高于对现有客户进行交叉销售的成本，客户购买某保险公司的产品和服务越多，流失的可能性就越少。有关数据表明，购买两种产品的客户的流失率为55%，而购买四种或更多产品或服务的客户的流失率几乎为零。为此，公司借助险种组合，发挥公司内部营销员力量，在其拓展或维护车险、企财险甚至其他险种时，顺带推荐家财险产品，不可谓不创新。目前公司已经由财产险的"一车一卡"，逐步向责任险、意外险等多险种、多领域合作扩展，提高了公司内部的资源整合和综合销售能力。

产品组合创新相对于单纯的产品创新更为复杂。企业往往会忽略组合创新而只是一味地研发新产品，若是企业能对现有的产品进行组合形成新的销售模式，不但能够节约研发成本，还能节省大量的人力资源。因此，企业应该深入探究各种产品的特点，推行产品组合创新，为企业创造丰厚的收益。

产品是满足人们需要的载体，也是企业赖以生存与发展的基础。经济全球化的深入使得中国经济与全球经济融为一体，在这种宏观背景下，企业竞争的焦点在于对市场的快速响应和产品创新。产品创新成为企业生存的唯一出路。事实证明，在重视技术创新的当今社会，产品创新也应该引起企业的重视。

蜂与哲：

蜜蜂可为人类提供众多的蜂产品，由纯天然的蜂蜜、蜂蜡等原始蜂产品发展到蜂王浆、蜂花粉、蜂胶和蜂毒等多种蜂产品。这些不同的蜂产品因为其各自特有的作用，满足了人类不同的需求，很受市场的欢迎。市场上没有永远畅销的产品，一个企业若能自觉地迎合市场的变化，开发相应的产品，企业就能够不断发展；否则，企业的生存就面临威胁。消费者不断变化的需求，决定了企业必须不断创新产品。

第五节 客户永远是最重要的人

自"5·12"会议以来，公司一直坚持"客户永远是最重要的人"的服务创新理念。

曲庆武总经理一直强调："客户不依靠我们，而是我们依靠客户；客户不是我们工作的障碍，而是我们工作的目的，我们不是通过为他们服务给他们恩惠，而是他们给我们提供为其服务的机会而给我们恩惠；客户把需求告诉我们，我们的工作是要很好地为之服务，使他们和我们都得到益处。"任何一家公司都应该发自内心地感恩客户，感恩客户给予自己利润和薪水，并想方设法让客户满意，让客户开心。

服务创新，不是一句口号，更多的要实践，至于应该从哪儿"创"、"新"在哪儿？这是每个公司必须要落实的问题。公司将"客户永远是最重要的人"创新落实为"五化"服务。"五化"就是标准化、差异化、专业化、制度化和人性化。

标准化服务。公司按照规范的服务流程、作业标准和工作要求开展服务，并固化为《服务界面标准化操作手册》。2012年公司城区销售网点转型工作全面启动，网点转型、标识改造和社区门店建设齐头并进，公司网点门楣标识逐步更改为"中国人民保险"，展现了新形象和新面貌。公司统一营业场所布置，设立客户休息区，统一营业场所员工的着装、工作台的设置，甚至对桌子上摆放的物品都有统一的要求。员工在不同场合的礼貌用语、接待礼仪全部由公司统一培训。

- "您好，我是出单员××，请问您办理什么业务？"
- "请您收好单证（现金、卡等）。"
- "您还有什么需要我帮忙吗？"

- "您慢走，再见！"
- "谢谢！"

这是公司出单中心出单员每天都需要重复多遍的礼仪用语。

一位美国营销专家曾指出："一句没有被促销信息污染的'谢谢'，能够让你的业绩增长 25%。"

差异化服务。尊重客户需求和客户意愿，有的放矢地实施服务，进而提高客户的服务体验。公司以 VIP 客户为服务重点，开展实效性的差异化服务，先后实施了酒后代驾、VIP 理赔绿色通道、代办车辆年检和开发 VIP 客户专用商务网站等增值服务，努力为公司 VIP 客户提供具有独享性、优惠性和专属性的贴身服务。

事故车托管服务，现已开通了！

车辆出险了，自己没时间办理，怎么办？客户可免费享受事故车托管服务，专人代办，一接一送，坐享其成，轻松搞定。这是沈阳市分公司特意针对沈阳市区 VIP 客户开办的一项增值服务。

简单三步，轻松搞定：

第一步：出险了，没时间，找人保。车辆出险后，经过报案、现场查勘、定损后，自己没时间送修车辆，如需进行事故车托管，联系沈阳市分公司。

第二步：交接车辆，确认订单。沈阳市分公司经过确认后第一时间指派专人到达现场，托管车服务专员到达后与客户办理相关手续，并签订托管协议和直赔协议。

第三步：完璧归赵，省时省力。车辆维修完毕后，托管车服务专员与车主在相应的地点完成车辆复检，并办理交接手续。同时服务专员填写托管服务交接单，由客户签字确认。

专业化服务。因为专业，所以领先。公司强化服务培训，提升了系统员工的专业化服务水平。公司以"讲速度、讲政策、坚持准确"为原则，做到理赔不惜赔、不乱赔、不错赔和不违规。

制度化服务。服务质量需要制度保障。服务制度化以后，才能形成服务有法可依的局面。公司制定了《服务奖惩考核办法》、《观控点服务规范》和《营业职场窗口服务规范》，对营业职场的客户接待规范、工作人员仪表仪容、内部卫生、休息区设置等方面都做出了明确的规定。

人性化服务。保险产品是无形商品，其魅力就在于服务，尤其是人性化服务。公司提倡换位思考，关注客户需求，重视客户抱怨，有效解决客户投诉。例如，在客户办理保险存续过程中，尽心尽责，提示风险和免除责任。出险后，及时送去关怀，协助处理、指导客户进行快速的理赔。人性化服务就是客户所需能够及时满足，甚至做到客户没有想到的事，这种超越客户期望的服务，哪怕只是超出其期望一小步，也会令客户感动。

出单中心有一位出单员，她的声音特别"甜美"。每当这个甜美的声音响起，你都能看到一个充满温馨笑容的面孔，一边认真聆听解答客户的每一个提问，一边快速地办理着相关业务。在严冬，每位客户的手中都有她递上的一杯开水；在酷暑，每位客户的手中都有她递上的一张纸巾。

"一杯开水"、"一张纸巾"其实没有多少价值，但却承载了服务的"重任"。因为保险卖的不仅仅是一张保单，更是一份责任，一份担当。客户消费的不仅仅是产品功能本身，而是一种生活无忧和生命健康与安全的保障。

• 差异化源于标准化，又高于标准化。如果只停留和满足于规范服务，不向差异化服务发展，服务质量就难以上台阶，也就谈不上差异化的竞争优势；而没有标准规范服务的基础而去谈差异化服务，无疑是舍本逐末，缘木求鱼。

• 专业化的坚守是差异化的标志。随着客户越来越细分，产品越来越丰富，如何把数量众多的产品销售给不同的合适的客户群，并提供优质的服务日益重要，而实现这一目标需要的是专业化水平的支撑。

● 以制度化促进专业化。打造专业化的服务水平，必须以制度为保障。制度化里面又包含着专业化的因素，例如，要求服务的流程按制度来办，则必须是专业化达到一定水平才能执行。

● 人性化服务优于制度化。人性化服务就是"以人为本"，其核心是"没有不满意的客户，只有不满意的服务"。满意是一种心理状态，是客户的需求被满足后的愉悦感。它是一个情感的过程，是感性认识上升到理性层面的综合评价。

标准化、差异化、专业化、制度化和人性化，这"五化"之间的关系好比金字塔，下一层是上一层的基础，如图8-4所示。

"五化"服务传播的是一种"幸福"、"安全"精神。标准化给人整齐一致的震撼，差异化让不同的客户享受不同的服务，专业化更容易让人信服，制度化用制度保证服务质量，人性化抓住客户的心。

蜂与哲：

蜜蜂是自然生态链中不可或缺的重要一环，在人类所利用的1330种作物中，有1100多种需要蜜蜂授粉，否则这些植物将无法繁衍生息。据统计，蜜蜂授粉给美国人提供了1/3的膳食，每年创造约200亿美元的产值。蜜蜂为人类服务，勤勤恳恳，兢兢业业，以人类为中心。企业在服务客户的时候也理应如此，以客户为中心，将客户视为最重要的人。只有这样的服务创新才会赢得客户的赞誉。

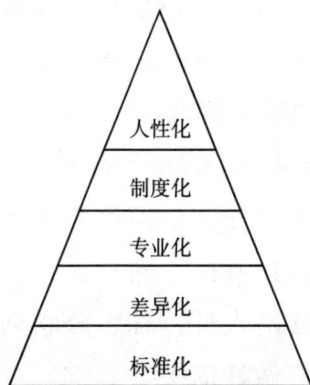

图8-4 "五化"的关系

第六节　谁能预见未来，谁就能主宰未来

超前与创新是互联网时代的两个主题。彼得·德鲁克早在 30 多年前就已经说得很清楚，"一家企业只有两个基本职能：创新和营销"。塞西莉·萨默斯在其著作《预见的力量：当你面对一个不确定的世界》中说，"走一步看一步等于放弃未来"。

超前型创新思维就是立足于未来发展需要的高度考虑现阶段事情的思维方式类型。由于时代的快速发展，人们思考问题和办事情不能鼠目寸光，必须放眼未来，以适应下一阶段发展的需要。这就是人们常说的前瞻性。

2012 年，某财险业内人士接受记者采访时说："未来新渠道发展趋势将是电话—网络—移动销售，这三者不一定是替代关系，但一定互有交叉。"

其实早在 2009 年，曲庆武总经理就前瞻性地提出："谁能预测未来，谁就能主宰未来"，以此高度来定位公司的电网销业务。电网销业务不仅有利于降低成本，与客户直接建立联系，提高续保率，而且有利于减少公司对中介渠道的依赖。正所谓高度决定视野，视野决定未来，这体现了一种超前的创新思维。

公司以 95518/4001234567 专线为依托，开展电销业务。专线既包括呼出业务，也包括呼入业务，公司致力于把电销业务打造为业务发展的第三极，实现几何级数增长。同时，公司在以往传统电销模式的基础上创新增设二段式营销人员，总、分联动，实时跟进，提升出单率，帮助客服坐席与客户做好衔接。其实，二段式营销就是 95518 呼出后，把处在犹豫期客户的相关资料下发给当地业务员，由业务员跟

进促成，从而增加投保的成功率。两段式营销是电销下的一种新销售模式，可以避免各县支公司或者没有权限进行电销呼出的单位做"小呼"。

2014 年 4 月 1 日至 9 月 30 日，公司组织各市（沈阳除外）针对直通业务开展了电销秒杀营销活动。在此次秒杀活动中，为了鼓励客户口碑相传，公司还特意开展了"客户推荐销售秒杀"活动，即由已经在公司电销投保的客户，再推荐客户在公司投保成功，推荐客户可以得到礼品卡一张。此次秒杀活动取得了显著的成效，仅 4 月呼入业务就超过了 1000 人。

随着我国网民的增加和智能手机的推广，网络和手机终端销售等形式的网销正在显示出强大的生命力。和传统营销渠道相比，网络营销可跨越空间、时间障碍，成本更低，网络销售投入产出回报率甚至高于电销渠道。网络营销模式确保客户可以在任何地方、任何时间实现业务的办理。客户通过网络媒体可完成投保、缴费和服务预约等事宜，为客户节省了很多时间。网络营销模式还可以强化移动类客户感受，提供优质客户体验，可以说是一举多得。

公司通过不懈努力与精心打造，将营销与 3G 技术、互联网应用和新媒体开发紧密结合起来，不仅让投保更为简便，而且实现了网销业务的爆炸性发展。公司还创办了微信公众号新渠道，积极开展网销团购活动，扩宽产品的覆盖面。

蜂与哲：

蜜蜂在采花粉的同时也对植物进行授粉，一些花粉掉落在花上，产生了植物的异花传粉。正是"蜜蜂的传播"为这些植物带来了孕育的机会。因此，蜜蜂又被称为优秀的传播者。在营销界，有一种营销方式叫作口碑营销。这种营销方式正是依靠口碑的传播最终形成企业的口碑，企业只有拥有了良好的口碑，才能获得更加长足的发展。从"蜜蜂的传播"中不难知道，企业的口碑营销需要的是像蜜蜂一样的优秀的传播者。因此，企业要想在市场上占据领先地位，就需要找到为自己传播口碑的优秀传播者，即企业应该进行营销创新，用不同形式的营销手段满足客户多样化的需求。

第七节　为保险插上科技的翅膀

"程序"可以体现出在一件工作中先做什么、后做什么。而"流程"除了可以体现出先做什么、后做什么之外，还可以表示出每项具体任务由谁来做。因此，"流程"比"过程"更具体。

运用 IT 技术，简化保险流程，加强内部管控，可以减少客户交易成本，提高公司工作效率。

2010 年 11 月，公司非车险实现见费出单，完善了投保流程。

见费出单就是见到保费后出单，如图 8-5 所示。现在保险企业的做法是让客户先支付保险费用，再出具保单，支付保险费的方式以POS 机收付或银行转账为主，从而实现无现金收付模式。

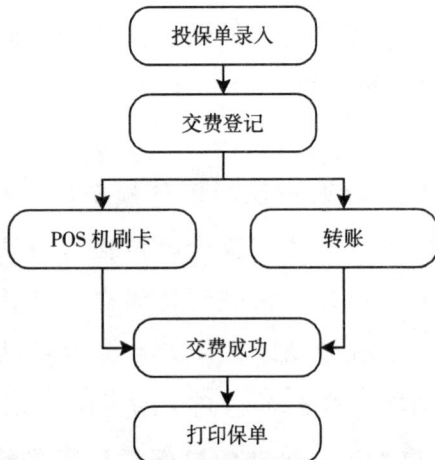

图 8-5　见费出单的流程

见费出单的本质是以科技作为支撑，以 IT 技术实现投保流程的简捷化，实现保险流程现代化、标准化和智能化，推动现代企业经营理念落地。

公司还借助科技手段推出微信平台，通过微信平台就可以完成承保和理赔服务，操作简单方便，受到很多年轻客户的青睐。

"传统理赔报案后需要走好几天的理赔程序，微信只需要十多分钟就可以完成所有程序，还免去奔波之苦，办事效率明显提高。"一位通过微信进行理赔的客户说道。

公司推行微信平台，如图 8-6 所示，并对其微信公众号"人保财险网络直销"进行了全面升级，并接入快钱公司的无卡支付，使投保人通过微信即可享受投保、续保、理赔和查询等"微信投保"服务。人保财险微信保险全流程功能上线，支持车险微信全流程投保及支付，而且人保车险老客户点击一键就能续保，同时支持理赔详情及进度查询、支持保单验真及查询。

图 8-6 公司的微信理赔

公司还借力 IT 技术，建立生产观控中心。通过监督员工的服务行为，提高服务品质，打造人保的金字招牌。

IBM 前总裁郭士纳说过："员工不会做你希望的，只会做你监督和检查的。"这句话道出了管理的精髓，即检查和监督是促使员工把制度落实到位的关键一环，也是组织管控的关键内容。

2009 年，公司引入神秘人机制，由神秘人定期或不定期对全省营业职场进行服务质量暗访。事实上，神秘人监督机制浪费时间、人力和财力；只是抽样检查，不能全覆盖；被检查过的职场具有反侦破能力，也会降低神秘作用。

2012 年，公司运用信息技术手段建立了生产观控中心，对全省133 个职场安装 419 个摄像头，按照服务标准化手册的服务标准，对所有职场进行服务实时监督，最终实现了营业职场服务的标准化。

现代科技发展迅猛，公司将越来越多地把 IT 技术运用到保险实践中，不仅能够提高公司的管理效率，而且能够简化工作流程，为客户提供更方便、更快捷的服务。

蜂与哲：

蜜蜂惯于群体生活，彼此之间靠什么交流？有研究显示，除了人们熟知的"8 字舞"之外，蜜蜂还可以利用电场传递信息，形成独特的"打电话"机制。蜜蜂在活动时，翅膀等部位由于和空气摩擦会带上电荷，它们可以通过感知彼此身体上电场的特征来进行交流。借助外力发展强大自己是自然界普遍存在的现象，连小蜜蜂也不例外。21世纪是一个科技世纪，任何一个企业的发展都离不开科技的支持，离不开科技创新。

第九章 企业生态系统

蜜蜂有属于自己的自然生态系统，而公司也有自己的企业生态系统，如图 9-1 所示。公司的企业生态系统包括四个层级：核心层、扩展层、相关层和环境层，其中以"文化"为核心的蜂巢代表着公司。

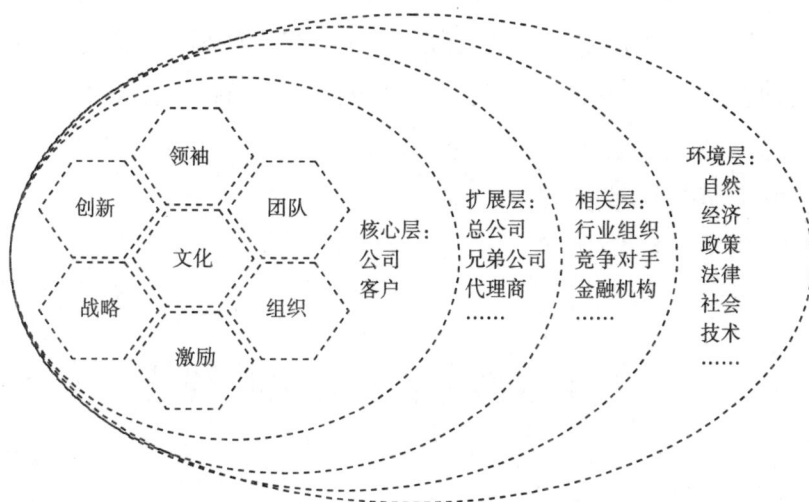

图 9-1 公司的企业生态系统

● 蜜蜂哲学，生存智慧。辽宁人保人具有蜜蜂勤劳、团结、忠诚和奉献的精神，为公司的发展竭尽全力，而公司就如同蜂巢一般，为辽宁人保人遮风挡雨。这就是公司的生存智慧——蜜蜂哲学。

● 自然之态，发展之本。蜜蜂的自然生态系统是动态的、开放的。公司的企业生态系统也是如此。公司需要动态变化以适应企业生态系统，同时还需要和企业生态系统内的各个层级进行交互，以获得支持公司生存发展的各种资源。这就是公司发展之本——自然之态。

● 相与为一，共生之道。公司通过动态适应、开放交互与系统内的所有层级成为一个整体，共同发展。这就是公司的共生之道——相与为一。

美国学者詹姆斯·弗·穆尔在《新的竞争生态》一文中首次提出企业生态系统的概念，并对企业生态系统做了如下的定义：企业生态系统是由相互作用的企业组织与个人所形成的经济群体，包括生产商、销售商、消费商、供应商、投资商、竞争商、互补者、企业所有者或股东，以及有关的政府机构等，同时包括企业生产经营所需的各种资源。他以生物学中的生态系统这一独特的视角来描述当今市场中的企业活动，提出企业不应只看到单个的自身，更重要的是把自己当作企业生态系统的一个成员，该生态系统内还有生产者、供应商、竞争者和其他利益相关者等其他成员，从而创造出一种崭新的"共同进化"的企业竞争模式。公司正在通过自己的努力构建一个属于自己的企业生态系统，如图 9-1 所示。

第一节　蜜蜂哲学，生存智慧

在亿万年残酷的物竞天择、优胜劣汰的竞争中，蜜蜂凭什么能够存活如此之久呢？它既无大象的庞大身躯，又无鳄鱼的坚甲利齿，靠的是什么呢？靠的是吃苦耐劳、精诚团结、忠诚勇敢、忘我无私和执着追求的精神力量。而这种精神实际上也是公司安身立命的智慧所在。

像蜜蜂一样勤劳的辽宁人保人

养了三万只蜜蜂的养蜂人保罗·特鲁说："我从没见过我的蜜蜂休息，它们只是不停地工作六个星期，然后便死去。"蜜蜂从不懈怠，它们日复一日地辛勤劳作。因此，许多名人对蜜蜂都存有赞美之词。伟大的科学家爱因斯坦曾经说过："如果蜜蜂从地球上消失，那人类只能再活四年。"辽宁人保人具有像蜜蜂一般勤劳的精神。

2007 年 7 月入司，现任鞍山市分公司铁东支公司营销三部经理的李兆阳，对待繁杂细琐的保险工作做到了以勤克难。他不断勤奋学习和研究其他同业公司保险政策及销售特色，从而使自己的保险经验及服务能力更加完善。为了更好地服务客户，他不顾身体的疲惫、不管严寒酷暑每周五都要前往检车线为客户提供方便，让客户顺利通过车辆检查。李兆阳的手机全年 24 小时开机，怕的就是客户有事情找不到他着急。

10 年来，她每天坚持早 20 分钟上班，通常是下班后处理好一天业务才回家。"只要上班必是第一名，下班往往是最后一名"，她就是乐于奉献、辛勤耕耘的铁岭市分公司出单员邵佳翠。即使是平时的休息日，只要工作需要，总是随叫随到，没有任何一句怨言，她始终认为，要珍惜自己的工作岗位，作为一名职员，做好自己的工作是天职。在家庭和事业的天平上，她把砝码总是放在事业上，用忘我的工作精神赢得领导的信任和同事们的敬重。

像李兆阳、邵佳翠一样勤劳工作的辽宁人保人还有很多，他们只是众多辛勤工作的辽宁人保人中普通的一员。不论寒冬夏日，不论何时何地，不论白天黑夜，辽宁人保人总是在每一个被保险人背后默默奉献。你不知道是谁接听了你的投保热线；你不知道是谁在第一时间赶到事故现场，进行勘察、定损；你不知道是谁给你的汽车紧急加油、紧急加水、更换轮胎、现场抢修、拖车牵引和吊装救援。他们是一群辽宁人保人，一群普通而又踏实的辽宁人保人，一群和小蜜蜂一样勤劳、奉献的辽宁人保人，一群可爱的辽宁人保人。

像蜜蜂一样团结的辽宁人保人

《本草纲本》上说，"蜂有礼范"。蜜蜂群体内部有严密的分工。蜜蜂王国是由尊贵繁忙的蜂王、职责专一的雄峰、勤奋勇敢的工蜂所组成的。它们分工合作，各司其职，完成构筑蜂巢、清理蜂房、采花酿蜜、服侍蜂王、照料蜂卵、保暖降温、安全保卫等职责，维护共同的家园。由此建构起一个次序井然、高效运转的和谐昆虫小社会。其实辽宁人保人同蜜蜂群体一样，通过彼此之间的团结协作，推动着公司不断前行。

2011 年 2 月 3 日 0 时 17 分，沈阳皇朝万鑫大厦突发火灾。公司立即召开紧急会议，并启动应急预案，成立专案处理小组，由副总经理马万利任组长，理赔部、财产险部、再保险部、财会部和办公室等部门负责人为成员，共同进行本案的处理。此次事故不仅涉及企业财产险、第三者责任险等多个险种，还涉及公司的多个部门，再加上皇朝万鑫的分期投保、多个保单和逐一核算，专项工作组的困难可想而知。但是专项工作组团结协作，互相配合，经过 140 天的奋战，最终圆满完成了备受关注的"沈阳皇朝万鑫火灾"理赔案。该案的圆满处理，不仅将公司损失降到了最低，并且创造了辽宁保险业历史上的多个第一，即有史以来赔付金额最大；巨额赔款条件下，理赔速度最快；在多方利益诉求中，各方满意度最高。

无论是 2011 年万鑫火灾，还是 2012 年"达维"与"布拉万"台风、2013 年"8·16"水灾，都要求公司快速并妥善地开展灾后理赔工作。每一次的大灾理赔往往都会涉及多个部门、多个险种、多家分公司，这么复杂的理赔工作必须要由一支讲团结协作精神、有团结协作能力的队伍来处理。辽宁人保人在重大任务面前不分彼此、互相支持、互相配合，用自己的实际行动支持兄弟姐妹的工作。因为辽宁人保人清楚地知道只有这样才能超越个体认知以及个体力量的局限性，发挥集体通力协作的作用，产生 1+1>2 的效果，最终取得成功。

众所周知，团结协作是日常工作的基本规范之一。它不仅要求员工在其业务活动中，要互相支持、互相协作、互相配合，顾全大局，明确工作任务和共同目标，而且要求员工在工作中尊重他人，虚心诚恳，积极主动协同同事搞好各项业务。古人云：人心齐，泰山移。在向市场要生存、向市场要效益的大环境下，弘扬团结协作精神对于建设好一个组织、一个企业具有极其重要的意义。

像蜜蜂一样忠诚的辽宁人保人

一个蜂群是否能够壮大，与蜂王有着直接的关系。在蜜蜂王国中，蜂王的生育能力与生育的数量决定着团队的规模。因此，蜂王的地位之高在群体中无可替代。作为蜂王权力的捍卫者，蜜蜂们十分忠诚于团队和蜂王，占蜂群数量 99% 的工蜂在劳动的同时还要紧紧追随蜂王，义无反顾地保护蜂王，随时愿意为蜂王贡献自己的生命。这就是工蜂对于团队及其领导者——蜂王的忠诚精神所在。公司也有这么一群忠诚于公司的员工。

从开业的零客户到拥有 13 家汽贸、3 家运输公司稳定的客户资源，从保费零起步到年保费超千万，丹东振安支公司花园分理处经理勇凯靠的是什么？用他自己的话说就是对公司的忠诚。勇凯是振安支公司 2008 年招聘的营销员，他一直都坚信人保品牌的优势。他说："我非常认可人保品牌，好的公司品牌是一个保险从业者实现人生价值的重要条件。"在保险业发展过程中，保险营销人才的竞争是非常激烈的。勇凯在人保期间，就有好几个保险机构找过他，提出比人保公司更高的待遇。但不管什么样子的诱惑，勇凯同志都不为所动，婉言谢绝，因为他忠诚于自己的公司。

离职率高是保险行业普遍存在的一个现象，就是在这样一个高离职率的行业内，公司一直保持着较低的员工流失率，由此可见辽宁人保人的忠诚度不同一般，勇凯就是一个典型。同时辽宁人保人一直秉承优质工作、优质服务的理念，因为他们知道只有这样才能使公司在消费者和客户心中树立信誉，增强公司的知名度。其实这也是对公司忠诚的一种体现。

出单员可以说是公司的一面镜子，直接反映整个公司的形象。她们的服务态度也决定了公司的明天。在服务礼仪上，葫芦岛市分公司出单员张岩时刻铭记"优质的服务才是根本生产力"，严格要求自己，牢记"四声两站一双手"，全心全意服务于我们的客户，把最美丽的笑容奉献给我们的客户，并且真正能做到急客户所急，想客户所想。每逢周一是客户最多、业务量最大的日子，上午九点多客户就排起了长队。张岩看在眼里，急在心上，在为前一个客户办理业务的时候就主动跟下一个客户说抱歉，说明需要等候多长时间，并初步提示客户需要提供的相关证件，确保不会浪费客户的时间。在这些工作当中，张岩赢得了客户的好评与信任，在同事当中也树立了服务典范。

另外，辽宁人保人尊敬上级、顾全大局，在工作场合维护公司领导人的形象和威信，以达到令行则止，指挥有力。公司如一个巨大的蜂巢，每一个辽宁人保人都非常热爱这个"蜂巢"，像《石莲盦汇刻九金人集》中所说的"带雨护园花"，勇于、善于维护"蜂王"的形象，"众蜂为之旋绕"。

有人说，"企业与员工就像恋人，相互理解才能相互沟通，并相互成长。"持有这种态度的员工，正是爱岗敬业、爱企如家的优秀员工代表。忠诚的人才能对工作更加精益求精，力求做到尽善尽美，他们会成为各自领域里的行家、能手。人类社会是一个存在着各种关系和利益的大集体，员工与企业的关系，就犹如蜜蜂与蜂王的关系，只有员工高度忠诚于企业，忠诚于老板，服从团体管理秩序与规范，才能使企业正常运作。

像蜜蜂一样奉献的辽宁人保人

蜜蜂酿的蜜自己吃的很有限，但它们从来不争，也不计较，而是继续劳动，继续酿蜜，整日不辞辛劳。更值得一提的是，蜜蜂到死时还要飞出去死在蜂巢之外，为的是不妨碍其他蜜蜂的生活。蜜蜂餐风饮露，采花酿蜜，以苦为乐，乐于奉献；对外来侵略者，一致对外，坚决迎战，毫不犹豫，甚至以命相搏，不惜牺牲自己的生命。蜜蜂的奉献精神难能可贵，值得尊敬。辽宁人保人同蜜蜂一样，为自己的大家庭默默奉献。

圣弗朗西斯说过一句话很有道理："索取使人疏远，奉献促进团结。"奉献的核心是坦荡大方，它有助于企业的团结，有助于企业的发展。如果所有员工都愿意无私地为公司工作，公司就会不断向成功迈进。奉献意味着牺牲小我，成就大我。奉献，并不一定要做多少轰轰烈烈的大事，一份平凡的工作、一份平淡的坚守、一份永不变质的承诺、一个善意的举动、一个小小的行为，都能汇聚成奉献的力量。

像蜂巢一样多能的辽宁人保公司

蜂巢是蜂群活动的处所，由巢脾构成。大、小六角形的巢房，分别用来培育雄蜂和工蜂，称为王台的巢房用于培育蜂王。在雄蜂房和工蜂房之间，出现有不规则的过渡型巢房，用于贮存蜂蜜和加固巢脾。蜂巢不但可以为蜂群提供栖息、繁殖、存储的场所，还可以作为其过冬、生活、娱乐的场所。公司对于其几千多名员工的意义，正如蜂巢对蜂群的意义。

为了让员工分享公司科学发展改革的成果，公司连续多年为员工涨工资。公司明文规定，工资总额的增长不低于公司经营效益的增长。公司通过向员工提供物质保障，并通过改善工作环境、给予更多的业余时间和工间休息、提高福利待遇等满足了员工的生理需求。

公司为员工建立了一个相对安全、稳定的工作环境。公司一直致力于提高员工的安全感，主动为员工缴纳"五险一金"。2012年为全体员工办理补充商业养老保险，2013年在薪酬总额之外，又拿出1700万元继续办理，连续八年开办补充医疗保险。每年定期为员工体检，最大限度为员工谋取利益。这些做法其实都是为了满足员工的安全需求。

由于人的生活和工作都不是孤立的，所以员工在满足了以上两个人类最基本的需求（生理需求和安全需求）后，就希望得到所属团体的接纳、认同和关怀，希望得到友谊、爱情和受到别人的重视等，马斯洛把这方面的需求称为"社交需求"。公司通过开展有组织的活动，如乒乓球比赛、摄影比赛、书法比赛和朗诵比赛等，并组织各类集体聚会，如周末部门聚会、联欢晚会等，帮助员工建立和谐的人际关系、温馨的工作氛围，而这些正好满足了员工的社交需求。

在企业中有些员工希望别人按照他们的实际形象来认可和尊重，马斯洛将这些需求称为"尊重需求"。公司在激励员工时特别注意员工的尊重需求，例如，在公司内网公开奖励和表扬，为获奖员工颁发"月份优秀员工"、"十佳服务标兵"等荣誉奖章，开展寻找最美基层员工活动，用视频公开宣传先进事迹……在公司，只要员工为公司做出了贡献，不管处于什么级别，从基层员工到公司副总经理，都受到公司的尊重。

在企业中有些员工希望充分地发挥自己的潜能，目的是在企业中实现自己的抱负，以满足其成就感。马斯洛将这类需求称为"自我实现需求"。公司为员工搭建展示自我的舞台，促进员工建功立业；扩大公司民主决策范围，促进更多的员工参与到决策中；对特殊人才破格提拔，提供用武之地，而这些都是满足员工自我实现需求所需要的。

蜂巢是蜜蜂的家，而公司可以说是辽宁人保人的另一个"家"。在这个大家庭中，公司满足了"家庭成员"各类的需求，为员工提供合

理的薪酬、人性化的工作环境，关注员工的喜怒哀乐，关心员工尊重
及自我实现的需求等。

第二节　自然之态，发展之本

生态系统具有两个最基本的特性：动态性和开放性。生态系统是
一个动态系统，随时间推移而不断地发生、发展、进化和演化，随昼
夜、季节、年份而变化。任何一个生态系统都是开放的，不断有物质
和能量的流进和输出。可以说，生态系统的动态性及开放性使生态系
统处于一种平衡的状态。同样，企业生态系统也具有动态性和开放性，
而这两个特性是企业生态系统发展的根本。

动态适应

蜜蜂和蜂巢会根据外界环境的变化，进行适应性生存的改变。随
着温室效应和气候暖化的加剧，蜜蜂所适应的环境遭到改变。为了适
应这种环境，蜜蜂不得不改变原有形态结构以及正常的生理特征。以
野生中华蜜蜂的工蜂为例，其体色由全黑变为黑黄，同时其前翅、巢
房和背板长都有一定程度的下降，前翅长由原来的 9.0 毫米下降到 8.9
毫米，巢房内径由 5.45 毫米下降到 4.9 毫米。蜜蜂的这些转变都是为
了更好地适应所处的自然环境。

企业生态系统同自然生态系统一样具有明显的生命特征，因而也
呈现动态性的发展。企业生态系统对所依存环境的适应既包括系统主
体通过内部结构调整、功能机理优化和运作机制健全来适应环境条件，
也包括系统主体通过适当改变环境条件、有效变更资源取向，使得环

境朝着有利于企业发展的方向演化。公司作为企业生态系统的一员，也在不断地动态调整，以更好地适应整个系统。

（1）以人为本。21 世纪的企业强调向"以人为本"转变。公司在日常的管理活动中以人为出发点和中心点，并围绕着激发和调动人的主动性、积极性和创造性展开了一系列管理活动。无论是科学的薪酬制度、福利优惠，人尽其才的用人理念，还是 360 度培训体系，无不显示出公司"以人为本"的管理思想。

（2）坚持创新。企业的成功必须依靠创新，企业持续的发展离不开创新，创新是企业发展的动力和源泉。近年来，公司一直强调干部员工应该具有创新思维，要用创新的思维来管理公司。另外，公司还采取了很多创新的举措：模式创新——车险非车险分业经营，产品创新——老年人意外险等，IT 创新——生产观控中心等，这些创新成为推动公司进步的不竭动力。

（3）拥抱互联网。从农耕时代到工业时代到信息时代，技术力量不断推动人类创造新的世界。互联网正以改变一切的力量，在全球范围掀起一场影响人类所有层面的深刻变革，人类正站在一个新的时代到来的前沿。公司认为互联网保险绝非简单的渠道变革，而是颠覆性的革命，是继银保、电销之后的第三波浪潮。面对迅猛发展的互联网，公司没有逃避，而是主动拥抱，建设电子商务平台，开办积分商城，发展车联网、物联网，利用微信营销和理赔，开发各种信息支持系统等。这些也凸显了公司主动适应变化的精神。

其实，公司还有很多的转变，而这些转变都是适应社会发展的需要。用法治代替人治，公司的管理走向法治时代；从粗放式管理到精细化管理，公司走向现代化管理；从卖保险产品到卖风险解决方案，满足了现代人对保险的多样化需求。

无论是自然生态系统的动态性，还是企业生态系统的动态性，其实都是围绕一个"变"字。处在转型时期的企业，其外部经济、社会和技术等环境正发生着一系列深刻的变化，尤其是互联网的飞速发展。

正如海尔首席执行官张瑞敏说的那样："互联网时代传统企业不变，只能等死。"时代在变、环境在变，每天都有新的东西出现、新的情况发生，这都需要公司随"势"而变，学习新的知识，掌握新的趋势，适应周围环境的变化，提高自身的适应能力，以达到公司和环境同步发展。

开放交互

包括宇宙在内，自然界所有的系统都是开放系统。例如，蜜蜂需要飞出蜂巢，飞到环境中去采蜜，获取其生存所需的资源。植物为蜜蜂提供了各种化学成分，包括其生存所需的各种营养、激素和信息素的原料。反过来，蜜蜂又是自然生态系统内的重要组成部分，人类利用的约 1330 种植物必须经蜜蜂传粉，才可受精结实，才能传宗接代，不断繁衍。

任何一种复杂系统，只有在开放的条件下才能形成，也只有在开放的条件下才能维持和生存。企业生态系统的开放性是指该系统与整个社会经济生态复合系统存在着密切的联系，不断地与外界进行物质、能量和信息等各种形式的交换。公司作为企业生态系统的一员，也必然要和系统内外各个层级进行交流。

与客户的交流互动是每一个公司必须要做的。公司要求干部员工走出楼外，走进客户，去了解客户对公司产品和服务的要求。曲庆武总经理还以身作则亲自拜会锦州港股份有限公司总裁刘钧，洽谈对接双方的深度合作，如图 9-2 所示。为了更好地维护客户关系，稳定客户资源，掌握客户信息，公司以制度来要求干部员工加强与客户的交流。同时，每年的 5 月、10 月公司还会推出"客户节"活动，增加彼此的互动，以丰富多彩的活动拉近彼此的心理距离。

保险法律法规的逐渐建立健全，尤其是《关于加快发展现代保险服务业的若干意见》（简称"新国十条"）的实施，为保险行业带来了

图 9-2　曲庆武总经理拜访大客户，与锦州港股份有限公司总裁刘钧亲切交谈

福利；国家振兴东北老工业基地战略，为辽宁经济的发展提供了强有力的保障；居民收入增加，保险意识日益增强，人们对保险的需求日益强烈。这些既为公司提供了良好的政策环境、经济环境和社会环境，也同时需要公司主动与各级政府对接，解读政策，掌握动态，开发保险需求。

作为保险企业，公司还必须主动接受中国保监会辽宁保监局的指导与监管。一方面，充分发挥保险职能与作用，为企事业单位和人民群众生产、生活提供保险保障；另一方面，主动适应保险监管，带头执行监管政策，合规经营，防范和化解经验风险。

作为人保财险的组成部分，公司需要执行总公司的政策和决议，如推行核保、核赔师制度，落实"服务年"、"培训年"和"基层建设年"等。与此同时，公司也获得了总公司各方面的大力支持，如王银成总裁会经常到公司视察指导。

每一个行业组织都汇集着行业内大量的信息，而这些行业信息对于行业内的任何一个公司而言都至关重要。公司需要定期的、不定期的与行业组织进行交流，以获取行业动态、行业信息，只有这样才能够对市场做出及时有效的反应。

当然，公司还需要和代理商、车商进行交流，以更好地发展业务，占领更多的市场份额；公司还需要获得公共媒体、服务商等的支持，以确保公司谋求更好的发展……

第三节　相与为一，共生之道

自然生态系统由无机环境、利用光合作用生产有机物的生产者（绿色植物和光合细菌）、消费者（动物）以及分解者（腐生微生物）四个部分组成。无机环境是生态系统的非生物组成部分，包含光、水、无机盐、空气、有机质和岩石等；植物利用光合作用将无机环境中的无机物转化为有机物，将光能转化为生物能，在物质循环和能量循环上是生态系统的生产者。蜜蜂以及蜜蜂的天敌胡蜂、鸟和蟾蜍等动物是消费者。蜜蜂和其他消费者死亡后被微生物分解，进入土壤，从而完成整个生态循环。以蜜蜂为核心，并由无机环境、生产者、消费者和分解者等构成的自然生态系统，各种组分各自发挥自己应有的作用，而形成一个共生的自然生态系统。

企业生态系统虽然没有自然生态系统的无机环境、生产者、消费者和分解者，但是却拥有核心层、扩展层、相关层和环境层。紧密相关的企业和各个层级的利益相关者形成一个像自然生态系统的企业生态系统。任何企业和利益相关者都不是孤立的，某个主体的战略行为必然对其他利益相关者产生影响，企业与其他利益相关者之间相互关联、相互影响、共同演化，共同构成了一个动态的、开放的企业生态系统。具体到公司而言，核心层、扩展层、相关层和环境层一起构成了公司的企业生态系统，如图9–1所示，其中：

- 核心层：公司、客户；
- 扩展层：总公司、兄弟公司、代理商；

- 相关层：行业组织、竞争对手、金融机构；
- 环境层：自然、经济、政策、法律、社会、技术。

聚焦核心层。对于公司而言，其核心层就是公司自己和客户，其中公司自己主要是指员工、产品和服务。对员工：公司将员工利益视为最大利益，将员工自我实现的需要作为员工最大福利。对产品和服务：注重产品创新，积极打造"五化"服务。对客户：坚持"以客户为中心，向服务要发展要效益"的经营思路。反过来，员工为公司殚精竭虑，产品和服务为公司带来市场，客户为公司带来机遇，三者又很好地促进了公司的发展。

重视扩展层。扩展层对于一个公司而言也非常重要，与公司经营的好坏密切相关。公司执行总公司的决策，总公司支持公司的发展，两者是不可分割的整体。兄弟公司（人保健康、人保寿险）、公司之间实施战略协同，交叉销售，信息共享，共同进步。代理商为公司占领市场、赢得保费立下了汗马功劳，同样公司的壮大也支持了代理商的不断成长。

关注相关层。相关层与公司利益也是高度相关。公司积极地从行业组织获取行业信息，把握市场动态。反之，公司作为行业组织的一员又为行业组织提供很多信息。竞争对手，如平安和太平洋，为公司带来了前进的压力，但它们又与公司一起构建了辽宁保险行业的标准，稳定了保险市场秩序。金融机构，如各大银行为公司业务的顺利开展提供了很多的便利，而公司作为其客户，又在一定程度上支持了银行的发展。

掌握环境层。任何一个企业的生存发展都离不开息息相关的环境。自然、经济、政策、法律、社会和技术环境等都会对公司的发展产生影响。环境看不见摸不着，但是却无时无刻不影响着公司，正如上文提到的，公司在享受环境带来的诸多益处的同时，还致力于构建和谐的环境。

公司已经建立了一套"多赢"的合作体系。通过这套"多赢"的合作体系，公司及其利益相关者获得了更多资源和机会，创造了更大的价值，彼此之间形成了良性发展的循环。

总之，以公司为核心的企业生态系统中各个主体通过彼此之间的动态适应、开放交互，已经形成了一种相同相成、相辅相成、相反相成、互助合作、互利互惠、互促互补和共同发展的和谐共生关系。和谐共生是一种精神，是一种内外协调、左右逢源、上下有序的状态，强调的是"天地人和"。在辽宁保险行业，公司用事实和行动诠释了"和为贵，爱无垠，善若水，道长久"的和谐理念。

后 记

　　PICC 辽宁省分公司管理哲学的研究暂时告一段落，之所以说暂时告一段落，是因为哲学的研究没有终点，管理哲学的研究也没有终点。哲学可以让人思考、促人整合、引人平和，这种引领更是没有终点的。为了明天的美好，我们有必要暂时停下脚步以更好地欣赏当下。

　　本书的完成过程中，获得了众多学友的帮助，可以说没有他们，就没有本书的问世。首先是 PICC 辽宁省分公司的各位学友，总经理曲庆武、副总经理刘艳萍、阎嘉葵、人力老总欧阳鸥、哲学硕士刘潇、总秘李永坤等，谢谢各位无私的支持。其次是我的研究生李佳磊、魏小林和高顿坚持到一线收集各种数据资料，加班加点地梳理，没日没夜地整理，一遍一遍地被否定，又一遍一遍地重新出发，筛选出更加完美的作品，谢谢你们的付出和勤劳。还要感谢经济管理出版社申桂萍编辑以及她的工作团队，是在她的多次督促下，才使得我们没有一而再，再而三的拖延，谢谢您及团队的宽容。

　　因为是暂时性的成果，说法未必周全，纰漏可能很多，错误在所难免，敬请各位读者批评指正，不吝赐教。

　　我们的联系方式：微信"管理哲学课题组"，欢迎联系。

　　乙未年癸未月，是为记。

跋

在东北大学与中山大学 EMBA 学员交流会上的主题发言

东北大学 EMBA 首期学员　曲庆武

（2010 年 12 月 31 日）

很荣幸能与中山大学 EMBA 的师生互动交流，也非常感谢东大和中大给我们创造这样难得的机会。同为国家"985 工程"重点大学的中山大学，这所由世纪伟人孙中山先生亲手创办的中国名校，秉承"博学、审问、慎思、明辨、笃行"的校训，与著名爱国将领张学良将

军任第一任校长，秉承"自强不息、知行合一"校训的东北大学，就犹如两颗璀璨的明珠，在祖国的南北两端遥相辉映，共同为建设成"多科性、研究型、国际化"的知名大学而持续奋斗着。中山大学作为国内首批开办 EMBA 项目的高校之一，秉承中大优良的办学传统，有着更加丰富的办学经验和教学水平，更值得我们东大 EMBA 学员学习和借鉴。

一、我供职的公司简介

中国人民财产保险股份有限公司（简称人保财险，英文 PICC），其前身是 1949 年 10 月 20 日成立的中国人民保险公司。2003 年 11 月 6 日，公司在中国香港联交所成功挂牌上市，成为中国内地大型国有金融企业境外上市"第一股"。凭借综合实力，公司相继成为 2008 年北京奥运会、2010 年上海世博会、2010 年广州亚运会保险合作伙伴，并提供全面的保险保障服务。2008~2010 年连续三年，被国际权威评级机构穆迪公司授予中国内地企业最高信用评级 A1 级。2010 年，中国人民保险集团成功入围世界 500 强，排名 337 位。中国人保财险保费收入突破 1500 亿元大关，在非寿险公司中名列亚洲第 1 位、世界第 7 位。

辽宁省分公司作为人保财险一类省级分公司，公司本部设 16 个部门，下辖 13 个地市级分公司、124 个县区支公司。机构网络覆盖了全省所有行政县区和主要乡镇，拥有员工近 5000 人。2010 年，公司保费收入突破 55 亿元，名列全国第 8 位，市场份额近 50%，占据辽宁财险市场"半壁江山"。特别是 2009 年全省遭遇了 1951 年有气象记录以来最严重的旱情，公司充分发挥保险保障功能，为受灾农户支付赔款近 4 亿元，受到时任省委书记张文岳的高度肯定。2010 年，辽宁遭受特大暴雨，鸭绿江遭遇新中国成立以来第二大洪水，公司及时支付水灾赔款 2 亿多元。2010 年 4 月 29 日，辽宁省委书记王珉、省长陈政高共同签发致人保总公司董事长和总裁的《感谢信》，高度肯定了我公司近年来充分发挥保险职能、鼎力支持辽宁经济社会发展所发挥的特殊作用。

二、一年 EMBA 学习感悟

有幸作为东大 EMBA 首批学员，在东大学习已有一年的时间，回顾一年的学习历程，学员和 EMBA 的老师一同见证了东大 EMBA 的发展与壮大，共同体味着付出的艰辛和收获的喜悦，也正如在东大 EMBA 创刊号《四维》上所刊载的同学感言那样，可谓获益匪浅，感悟良多。

一年来，秉承着东大 EMBA "大业盛德、知行合一" 的办学宗旨和 "高、严、细、实、恒" 的工作理念，在东大管理学院领导和 EMBA 中心老师的积极组织和推动下，无论是师资选择的高度，还是学员管理工作的严格和细致，处处体现了东大人对卓越品质的追求。通过名师讲坛、移动课堂、海外访学、沙龙活动等丰富多彩的学习方式，我和我的同学们不但系统地学习了工商管理的核心课程，聆听了名师教诲，净化了心灵、拓宽了思路、更新了观念，更结识了各行各业的优秀人士，建立了深深的友谊，创建了远光[①] 同学所描述的 "立于高起点，弘扬大智慧，再塑新舞台" 的交流平台。

领略东大在 EMBA 教学上的新思维，从孙新波老师在《管理哲学与领导力》一课的试题上可窥一斑。他给我们出了三道题：一是请自己拟出三道题目；二是请自己写出三道题目的答案；三是请自己给出分数。我自拟的三道题目为：一是试题与管理哲学；二是培根的《论青年与老年》对 80 后的启示；三是国王与哲学家。我的答案是：第一题是关于 "试题与管理哲学" 的题目，恰应孙老师这门课的考试方式，

---

① 2009EMBA 一班学员李远光。

让学生自拟题目、自找答案、自己评分，这本身就是管理哲学的基本点，是哲学在管理中的经典应用。在 EMBA 课堂之外是无论如何也享用不到的，这就是东大 EMBA 区别于其他教学的最好诠释。第二题答案太长（略）。第三题答案是国王成了哲学家或哲学家成了国王，这个国家就会兴旺起来，企业也是如此。我自赋的分数是 B+，是 B 非 A，说明还有差距，尚未毕业；多了一个"+"，表明对未来充满信心，尚须不断学习，明天更美好。

通过一年来的学习，使我们更新知识，把握时代新理念。作为企业管理者，在实际工作中的许多管理经验是凭借自己的感悟和自学，并在长期的实践工作中累积起来的。面对日新月异、不断变化的复杂形势，仅凭经验显然是不够的，通过 EMBA 课程，我们全面系统地学习了最前沿的理论，把握了时代新理念，提升了个人的综合职业素养，这是最大的收获。鹏程[①] 同学说："大家相聚在一起的学习时间短暂而珍贵，未来之路充满希望和艰险我们需要坚持不懈的学习，并善于付诸实践，做到知行合一"。像学志[②] 同学的座右铭"宝剑锋从磨砺出，梅花香自苦寒来"那样，企业要发展首先是一把手工程，管理者要不断地学习和提升，员工才有向心力，公司才有凝聚力。汝库[③] 同学说："学习是领导干部的责任，学可修身、学可立德、学可增智"。

通过一年来的学习，及时总结企业发展中所存在的问题，带着问题去读 EMBA，拓宽了改革思路，增强了发展信心。企业在发展和改革的过程中，常常会遇到各种各样的实际问题，虽然在处理问题上自己也有一些想法，但并不很系统。通过 EMBA 的学习，在老师的指导下，在同学之间的交流和帮助下，使我的工作思路更加清晰，更有条理地一步步去实施，如陈昕[④] 同学所说"吾志所向，一往无前"，逐步

① 2009EMBA一班学员刘鹏程。
② 2009EMBA一班学员郑学志。
③ 2009EMBA一班学员张汝库。
④ 2009EMBA一班学员陈昕。

解决公司所面临的各种问题。在每次学习互动和案例分析中，同学们结合自身的工作经验进行一次次思维碰撞，多年实践中正确的部分得到了理论的验证，成败得失都有助于我们从更深的层次上去消化新知识，而这些新的知识在未来又将指导我们新的实践。

在公司实际发展过程中，应不断将所学的知识付诸实践，实现从"给我冲"到"跟我冲"的角色转换，充分发挥团队精神。应通过创新企业文化，用文化统领企业，武装头脑，牢固树立王刚[1]同学所感悟的"责任成就理想"的工作信条。PICC 辽宁省分公司明确把公司利益作为第一利益，把员工利益作为最大利益，将员工个人的发展即"自我实现的需要"作为员工最大的福利，以宽广的眼界聚才、用才。经过一年的努力与实践，公司发展与改革又跨上了新台阶。2010 年保费收入首次突破 50 亿元大关，读一年 EMBA 营业收入净增 13 亿元，实现历史性新突破！

通过一年来的学习，不断完善自我，开阔视野、启迪心灵、感悟人生。读 EMBA 就如自己有了一个强大的顾问团，通过聆听名家教诲，通过与同学之间交流，不断给自己答疑解惑。沟通交流是商场、官场的基本技能之一，不论你是否喜欢，是否自愿，也不论你什么性格。学 EMBA 之前，我一直非常执着地崇尚"希言自然"，喜欢聆听。都知道青蛙昼夜叫个不停，无人驻足倾听；雄鸡一唱天下白，惊醒梦中人。聆听是交流的基本技巧之一。学 EMBA 之后，更深刻领悟到，作为一个领导者，还应该是一个出色的雄辩家、演讲家，犹如马丁·路德·金等，传递你的思想，贩卖你的观点，练就说的本领。

通过 EMBA 的学习，应达到姜哲[2]同学所感悟的"上善若水，为而不争"的心灵境界。也如 2009 年 EMBA 二班王元葵同学所说的："生活中美好的东西随处可见，关键是在于发现和感悟！让我们感悟昨

---

[1] 2009EMBA 一班学员王刚。
[2] 2009EMBA 一班学员姜哲。

天，享受今天，憧憬明天吧！"。

最后，用海尔首席企业文化讲师刘春华先生为我们做的藏头诗共勉：

东风拂面犹春冷，

北归大雁历鹏程。

大有作为凌云志，

学业修得无须争。

为事业，争朝夕，东北大学 EMBA 在路上……

图书在版编目（CIP）数据

荣誉·责任·梦想：PICC辽宁省分公司管理哲学研究/孙新波著. —北京：经济管理出版社，
2015.9

ISBN 978-7-5096-3763-0

Ⅰ.①荣…　Ⅱ.①孙…　Ⅲ.①保险公司—企业管理—经验—辽宁省　Ⅳ.①F842.731

中国版本图书馆 CIP 数据核字（2015）第 096829 号

组稿编辑：申桂萍
责任编辑：侯春霞
责任印制：黄章平
责任校对：赵天宇

出版发行：经济管理出版社
　　　　　（北京市海淀区北蜂窝 8 号中雅大厦 A 座 11 层　100038）
网　　址：www. E-mp. com. cn
电　　话：（010）51915602
印　　刷：三河市延风印装有限公司
经　　销：新华书店
开　　本：720mm×1000mm/16
印　　张：12.75
字　　数：178 千字
版　　次：2015 年 9 月第 1 版　　2015 年 9 月第 1 次印刷
书　　号：ISBN 978-7-5096-3763-0
定　　价：49.00 元